Inhalt

Ein Wort vorweg

„Die gefährlichste aller Weltanschauungen
ist die Weltanschauung der Leute,
welche die Welt nicht angeschaut haben."
Alexander von Humboldt (1769 – 1859)

Die zehn gefährlichsten Reiseziele... habe ich auch nicht besucht. Es gibt No-Gos, im buchstäblichen Sinne. Länder, in die man nicht leichtfertig reist, wenn man halbwegs bei Sinnen ist. Solche No-Gos verändern sich natürlich mit der Zeit – eben war Simbabwe noch am absoluten Boden, man riskierte Mord und Totschlag und wenn schon keine Pest, so doch Cholera. Bereits ein Jahr später bin ich quer durchgefahren und erlebte eine der positivsten Überraschungen meines Reiselebens! Umgekehrt geht es mir mit Syrien: Ich bin unendlich glücklich darüber, es noch vor dem aktuellen Chaos besucht zu haben – und gleichzeitig unendlich traurig ob der vielen Bilder und Berichte von Tod und Zerstörung.

Als Syrien noch friedlicher Nachbar eines lebensgefährlichen Staates war...

Wann ist ein Land ein schwieriges Reiseland? Für einen Berliner kann schon Bayern ein abenteuerliches Ziel sein. Der durchschnittliche Reisende wird sich aber darauf einlassen, dass Länder abseits des bekannten Mainstreams – Exoten also mit eingeschränkter touristischer Infrastruktur und abstrakten Gefahren – als schwierig gelten. Gefahren? Das kann alles sein, was es bei uns nicht gibt: Malaria und Minenfelder, Kannibalen und Kakerlaken, Terrorismus und Tropenstürme, Giftschlangen und Großkatzen, Wüsten und Vulkane, Elend und Erdbeben, was hat man nicht schon alles gehört?

Ebenso gehören Länder dazu, in die man aus ethischen oder politischen Gründen nicht einfach so fährt – die Liste von Amnesty International ist dafür ein ziemlich guter Leitfaden. Jeder Mensch wird seine persönliche Grenze des Unwohlseins anders definieren, abhängig von seinem persönlichen Erfahrungsschatz und seinen Bedürfnissen nach Luxus und Sicherheit. Deshalb soll auch jeder selbst entscheiden, zu welchen Kompromissen er in Sachen Komfort bereit ist, jedoch ohne Kompromisse in Sachen Sicherheit zu machen. Wenn Sie erst ein paarmal durch Länder mit einem etwas schlechteren Ruf gereist sind, wissen Sie, wie viele Legenden und Schauergeschichten es gibt, und dass vieles anders ist als Sie vermutlich erwartet haben.

Möchte man die bereisbare und die unbereisbare Welt in Regionen aufteilen und nach Gefahren für Leib und Leben sortieren, kann man pauschal sagen, dass sich abgesehen von Europa und Australien fast alle asiatischen Länder ab Indien ostwärts für Mann und Frau sehr sicher anfühlen. Kaum weniger sicher, aber in mancher Hinsicht anspruchsvoller, ist der komplette Nahe Osten samt Nordafrika. Erhöhte Wachsamkeit (aber noch lange kein Verfolgungswahn) ist in vielen lateinamerikanischen und afrikanischen Ländern nötig.

Indien (im Bild: Jodhpur) ist von allen Subkontinenten dieser Welt eindeutig der sicherste.

Natürlich gibt es noch viele weitere Gefahren: Gifttiere in Australien, exotische Krankheiten, Flutwellen und Feuer, mörderischen Straßenverkehr und viele mehr. Für alle gilt: das Risiko ist kalkulierbar! Das heißt: ich gehe nicht in der falschen Jahreszeit an Australiens Nordküste ins freie Meer, ich treffe alle notwendigen Impf- und Prophylaxe-Vorsorgen, ich rauche nicht im Bett, und wenn es jemand anders tut, weiß ich zumindest, wo die Notausgänge sind (und habe sie vielleicht auch mal ausprobiert). Hundertprozentige Sicherheit gibt es nirgends, auch zu Hause nicht. Aber man kann das Risiko minimieren, indem man alles dafür tut, dass man zumindest nicht selbst schuld ist an einem katastrophalen Ausgang. Während der Hurrikansaison fahre ich nicht aufs offene Meer. Monsun in Indien kann eine herrliche Erfahrung sein, aber dass man sich nachher nicht beschwert, weil die teure Kamera nass geworden ist. Wenn eine Jahrhundertflut alles mitreißt, hat niemand etwas falsch gemacht, wer aber wegen der Chance einer Jahrhundertflut zu Hause bleibt, wird Murphy's Law zufolge vor der eigenen Haustür vom Blitz erschlagen. Die meisten Jahrhundertkatastrophen waren im ersten Jahrzehnt dieses Jahrhunderts, es kann also – statistisch gesehen – nichts passieren. Seltsamerweise fahren Millionen Touristen in die USA in dem Glauben, dort an der Spitze von Zivilisation, Recht und Ordnung anzukommen. Zugegeben, ich schaue mir die dortigen Nationalparks und einige Städte auch sehr gerne an, aber um die Sicherheit ist es dort objektiv schlechter bestellt als in Nordkorea. Eine echte Gefahrenzone also. Wir werden auf den folgenden Seiten häufig feststellen, dass alles relativ ist. Als ich vor langer Zeit in England studierte, machten mir ein paar Kommilitonen vor Ort bald klar, ich hätte eine vernünftige Wahl getroffen: wäre ich nach Manchester gegangen, hätte ich gute Chancen gehabt, erschossen zu werden. In Newcastle dagegen würde ich höchstens erstochen.

Wenn man allein reist, kann man sich wunderbar (aber bitte unauffällig, leise und diskret) über internationale Schafherden amüsieren.

Wenn ich gefragt werde, wohin man denn – zum ersten Mal auf eigene Faust – am besten reisen sollte, um ein Abenteuer zu erleben, mit dem man seine Freunde zum Staunen bringt, ist die Antwort, je nach Jahreszeit und Budget, Neuseeland, Thailand und vielleicht auch Vietnam oder die Philippinen. Fortgeschrittene Reisende mit etwas Erfahrung und dem Wunsch nach noch mehr Erfahrung schätzen Länder, in denen Englisch nicht mehr selbstverständlich ist. Damit steht ihnen schon fast die ganze Welt offen. Mit jeder neuen Herausforderung, mit jeder „bewältigten“ Reise, steigen die Glücksgefühle. Wer sich eines Tages gut dabei fühlt, Entscheidungen zu treffen, Weichen zu stellen, Informationen einzusammeln und entsprechende Reaktionen auf Ausnahmesituationen griffbereit zu haben, der gehört zu den glücklicheren, flexibleren und reicheren Menschen. Und das nicht nur auf Reisen, sondern letztendlich auch zu Hause.

Island: ein ausgesprochen sicheres Reiseland, wenn man nur richtig angezogen ist.

Urlaub ist nicht dazu da, sich vom Alltag zu erholen!

> *„Wir haben heuer mal eine Weltreise gemacht.*
> *Aber ich sag's Ihnen gleich, wie es ist:*
> *Da fahren wir nimmer hin.“*
> *Gerhard Polt (*1942), bayerischer Satiriker*

Jedenfalls nicht körperlich. Sondern umgekehrt. Wie bitte? Eine Reise ist im Extremfall erst richtig gut, wenn Sie gerädert, aber glücklich und vor allem geistig bereichert nach Hause kommen. Wenn Sie schon eine Woche vor dem Ende der Reise wieder gerne an die Heimat und Ihre Arbeit denken. Das ist kein Widerspruch und heißt keineswegs, dass es nicht gleichzeitig möglich und erwünscht ist, jede verbleibende Sekunde der Reise maximal zu genießen. Aber erst Reisen machen aus Homo Sapiens einen weisen, wissenden Menschen – das war schon immer so und wird auch im Zeitalter der Informationsgesellschaft so bleiben. Hätte Goethe Zugriff auf ganz Wikipedia und Panoramio gehabt, er hätte auf der Suche nach sich selbst ganz sicher trotzdem nicht auf seine berühmte Italienreise verzichtet (sondern sich gewundert, warum es Wikipedia, aber noch keine Flugzeuge gibt).

Auch Alexander von Humboldt oder David Livingstone würden heute vermutlich nicht auf der Couch sitzen und National Geographic schauen, sondern sie würden die letzten Winkel dieser Erde mit eigenen Augen sehen wollen. Reisen sind immer schon Strapazen gewesen – streng genommen sind sie das auch heute noch, wenn ich mir manchmal die

Stimmung am Flughafen ansehe oder die Beschwerden am All-Inclusive-Hotelcounter anhöre. Wenn ich also das Bedürfnis habe, mich von meinem Alltag zu erholen, kann ich entweder zu Hause bleiben und lauter schöne Sachen machen, für die ich sonst keine Zeit habe (oder einfach auch mal nichts). Oder ich begebe mich auf eine Reise. Dann bezahle ich oft eine ansehnliche Summe dafür, dass ich etwas bekomme, was ich zu Hause nicht habe. Meer, Tapetenwechsel, Sonne, Wärme und Urlaubsbekanntschaften. Klingt gar nicht schlecht, dafür kann man schon Strapazen auf sich nehmen und einen Haufen Geld bezahlen. Und wem das reicht, der kann genau hier aufhören zu lesen. Ich bin aber der Meinung, es reicht nicht. Denn immer, wenn Sie nach Hause kommen, sind Sie der gleiche Mensch wie zuvor, nur für einen kurzen Moment etwas ausgeruhter, aber leider schon wieder ein Jahr älter als nach der letzten Erholungsreise... Kann es das schon gewesen sein?

Schon Alexander von Humboldt wollte lieber den Cotopaxi vermessen als am Teutonengrill liegen.

Philippinen

„Eine Reise von tausend Meilen
beginnt mit einem einzigen Schritt."
Laozi (6. Jahrhundert v. Chr.),
chinesischer Philosoph

Die Philippinen sind ein ziemlich einzigartiges Land: Auf den vielbeschworenen 7.107 Inseln mit ihren Traumstränden und Kulturlandschaften leben überwiegend Katholiken mit spanisch-amerikanischer Kolonialgeschichte. Man hatte 1986 eines der ersten weiblichen Staatsoberhäupter. Man spricht mehrheitlich eine austronesische Sprache mit verblüffenden Anleihen aus dem Spanischen (*Anong óras na?* = wie spät ist es? *Gusto kita* = Ich mag dich) und die bald 100 Millionen Einwohner befinden sich auf dem Sprung vom Entwicklungsland zur nächsten regionalen Wirtschaftsgroßmacht.

Die Reisterassen der Ifugao im Norden der Hauptinsel Luzon.

Reisen durch die Philippinen sind immer noch ein kleiner Geheimtipp: Es gibt einzigartige Natur und Kultur zu sehen und zu erleben. Das Land ist so sicher wie die meisten Länder Südostasiens, und man zählt sich stolz zu den größten englischsprachigen Nationen der Welt, wodurch sich einem aufgeschlossenen Europäer viele Türen ins wahre Leben der Menschen öffnen.

Ein Workcamp im Waisenhaus: viel mehr Kontakt zum Volk geht nicht.

Ein schönes Episödchen erlebte ich dort in der Frühzeit meines Reiselebens. Ich hatte bereits zwei Monate im Land verbracht: zunächst in einem sogenannten Workcamp in einem NGO-Waisenhaus auf der Hauptinsel, wo wir in einer Gruppe zahlender Freiwilliger ein paar anfallende Arbeiten erledigten, beim Bau einer Schule halfen oder uns einfach mit den Kindern beschäftigten (bzw. sie sich mit uns), was den verantwortlichen Schwestern zu einer Art Jahresurlaub verhalf. Eigentlich war die Arbeit eher ein Anlass dort zu sein, wir wurden jedenfalls bewirtet und versorgt wie in einem All-Inclusive-Resort, hatten mehrere freie Tage, erlebten die Heilige Osterwoche in einem der katholischsten Länder der Welt (auch für atheistische Ethnologen höchst interessant!) und machten ein paar spannende Ausflüge in die Umgebung. Für mich war es in der Tat der allererste Aufenthalt außerhalb des westlichen Kulturkreises: ich kam erstmals in Berührung mit exotischen Früchten sowohl im Garten wie auf dem Teller, ganz neuen Verkehrsregeln und einer wirklich fremden Kultur. Doch all dies erlebte ich relativ behütet in einem optimistischen, friedlichen Land und mit einer organisierten Gruppe, die den Vollkontakt mit den Einheimischen nicht verhinderte, sondern zum Prinzip erklärte.

Es waren etwa 80 Waisenkinder aller Altersstufen, für die der jährliche Besuch der Deutschen der absolute Höhepunkt des Jahres war, und das ließen sie uns spüren. Die ganze Zeit hatte einen so umwälzenden Einfluss auf mich, dass ich mich heute noch manchmal als *Kuya* – großer Bruder – vorstelle. Anschließend fuhr unsere Gruppe noch für einige Zeit an einen Strand, um den Aufenthalt gebührend abzurunden, und als nachher fast alle nach Hause flogen, blieb ich für anderthalb weitere Monate im Land und hüpfte von Insel zu Insel, marschierte auf unbekannten Wegen durch Urwälder und zu verzauberten Seen, sah meine ersten Delphine, Affen und Riesenspinnen. Ich konnte große Teile des Tagalog-Sprachführers und traf nette Leute. Ich hatte mich jedenfalls an den Charakter des Landes gewöhnt.

Es ist in jedem fremden Land ratsam, dass man sich auf Land und Leute einstellt, auf das Tempo und den Puls, mit dem dort aufgewacht, gegessen und getrunken, Auto gefahren, Geschäfte und Späße gemacht werden. Hat man diesen Rhythmus erst mal intus, bewegt man sich selbst viel souveräner und sicherer. Außerdem ist es auch viel befriedigender sich durch exotische Megastädte oder zurückgebliebene Minenfelder zu bewegen, indem man einfach so gut wie möglich die Einheimischen nachahmt. Auf diese Art lassen sich die kleinen und großen Gefahren des Alltags recht lässig überleben. Zudem kann man sich dann nach Lust und Laune Sehenswürdigkeiten ansehen und wie die Locals vom üppigen Essensangebot an jeder Ecke Gebrauch machen. Dabei ist man zwar meist immer noch als Tourist erkennbar, aber die Einheimischen merken recht gut, ob sich ein *Farang* (Fremder in Thailand) oder *Joe* (das gleiche auf den Philippinen) wie ein Fisch im Wasser fühlt oder eher wie ein Fisch im Baum.

Jeepney-Transport: Beinfreiheit, frische Luft und die allerbeste Aussicht auf grandiose Landschaften.

So kam ich also per Schiff auf die kleine Insel Camiguin. Am liebsten hätte ich ihren Namen hier gar nicht preisgegeben, so sehr habe ich diesen Ort geliebt – für mich als bescheidenen Backpacker (hinsichtlich des Lebensstandards, nicht der Erlebnisansprüche wegen) hat es kaum jemals einen besseren Geheimtipp gegeben.

Kaum war ich dort, wurde ich von einer kleinen philippinischen Mittelschicht-Musterfamilie „adoptiert". Zur Familie gehörten die Eltern, Oma, Tochter und Sohn. Sie kamen von der großen Nachbarinsel Mindanao, waren selbst im Urlaub auf Camiguin und hatten mich an meinem ersten Tag dort an einem Wasserfall aufgegabelt und fortan allabendlich zum Essen eingeladen. Am meisten freute es sie, wenn ich Unmengen aß, also tat ich ihnen den Gefallen mit großem Eifer.

Camiguin ist klein. Man kann es mit dem Fahrrad innerhalb eines Tages bequem umrunden und dabei immer noch jede Menge Zwischenstopps an diversen heißen Quellen, Traumstränden oder tropischen Wasserfällen einlegen. Dennoch befinden sich auf Camiguin nicht weniger als sieben Vulkangipfel, die sich grünbewachsen bis zu 1.580 Meter hoch in die philippinische Sonne recken. Den einzig aktiven darunter, mit dem schönen Namen Mount Hibok Hibok, wollte ich besteigen.

Ein paar Filipinos luden ein zu Reis mit Huhn und Fisch am Berg.

Am Vortag begegnete ich in einer Bar noch ein paar selbsternannten Bergführern. Sie wollten merkwürdigerweise gar kein Geld mit mir verdienen, sondern bekräftigten meine eigene Einschätzung, man brauche gar keinen Guide. Im Reiseführer stand sehr wohl, dass man den Gipfel des Hibok Hibok nicht allein stürmen solle. Und ich weiss heute auch, dass man bei Bergbesteigungen keine unnötigen Risiken eingehen sollte, selbst wenn der Hügel nur 1.332 Meter hoch ist.

Mt. Hibok Hibok in voller Größe.

Die Risiken kamen mir gleichwohl recht überschaubar vor: im nahegelegenen Observatorium des *Philippine Institute of Volcanology & Seismology* hatte ich mich auf einer meiner Touren zuvor vergewissert, dass keine Eruptionen jedweder Art zu befürchten waren. Den Gipfel konnte ich während der gesamten Woche, die ich auf Camiguin verbrachte, völlig frei von Wolken bewundern. Und auch wenn man von unten keine technische Schwierigkeit des Weges beurteilen kann, verließ ich mich gerne auf den Passus im Buch, die Besteigung des Hibok Hibok sei technisch einfach. Auch die Aussage der biertrinkenden Bergführer, man könne den Weg gar nicht verfehlen, es sei vielmehr „ein Highway mit Hunderten Touristen“, die gleichzeitig auf- und absteigen würden, bestätigten mich. Und so freute ich mich auf einen hübschen Spaziergang am Berg, packte am Vorabend meinen Tagesrucksack mit Proviant und Klamotten und ging relativ früh schlafen.

Der Berg liegt recht günstig erreichbar von der kleinen Hauptstadt Mambajao, wo ich die ganze Woche wohnte. Ich stand um halb fünf auf, um pünktlich zum Sonnenaufgang am Einstieg zu sein. Die letzte asphaltierte Straße am Hang sollte direkt in einen Fußweg, den erwähnten „Highway“, münden. Sicherheitshalber fragte ich am letzten Kiosk noch einmal nach, während ich mir ein paar Kekse zum zweiten Frühstück kaufte. Jaja, sagte der Verkäufer, da oben geht’s zum Berg. Natürlich wusste ich nach zwei Monaten auf den Philippinen: Traue niemals einem Filipino, der nach dem Weg gefragt jaja sagt! Aber ich konnte den Gipfel praktisch vor mir sehen und ebenso den Pfad, also ging ich fröhlich weiter.

Wenn ich allein und fröhlich unterwegs bin, kommt mir immer Lied in den Sinn, das zur Situation passt. Hier war es „Im Frühtau zu Berge“, dessen Text ich nicht einmal komplett kannte, sodass ich ihn mit Lalala auffüllte. Ich kam gut voran. Um mich herum war alles grün, niedrig bewachsen, der Pfad war eindeutig – nichts konnte schiefgehen.

Die Sonne stand immer noch tief im Osten, als plötzlich der Weg aufhörte. Einfach so. Ich suchte ein paar hundert Meter weiter, wo ein Wald begann, suchte links und rechts, aber es war kein Weg mehr zu finden. Ich ging auf dem letzten bekannten Weg zurück, um zu sehen, ob ich irgendeine Abzweigung verpasst hatte. Nichts dergleichen. Nur die Kühe sahen kurz auf und kauten monoton weiter. Also, dachte ich, den ganzen Weg gehe ich bestimmt nicht mehr zurück. Außerdem leuchtete über mir der Gipfel des Vulkans. Den Keksverkäufer wollte ich kein zweites Mal fragen, denn dabei hätte er womöglich sein Gesicht verloren, weil ich ihm ja unterstellt hätte, seine erste Antwort sei nicht hilfreich gewesen.

So ging ich zurück in den Wald. Das ging ganz gut, bis es allmählich steiler wurde. Und dichter. Ich schwitzte schon ziemlich, war aber immer noch völlig entspannt. Ein neues Lied ging mir durch den Kopf: „The only way is up", dessen Text ich genauso wenig kenne, das aber zuverlässig zur Situation passte. Zum Gestrüpp kamen bald noch größere Felsstücke, um die ich herum kletterte. Zwischen den Ästen verfing ich mich immer öfter in großen klebrigen Spinnennetzen, was mir irgendwann auch egal wurde, solange ich sie nicht im Gesicht hatte. Ein Baseballcap ist sehr praktisch, um mit dem Kopf voraus durch einen solchen Wald zu klettern. Nur ganz so viel Strecke wie gewünscht machte ich nicht mehr. Egal, so ein Tag dauert ewig, wenn man früh genug aufsteht! Es war zwischen neun und zehn, als ich beschloss, mein mitgebrachtes Wasser zu rationieren, zumindest bis ich den Weg wieder gefunden hätte. Mitunter kletterte ich auf einen großen Findling, um mich grob zu orientieren, ob der Gipfel nun etwas weiter links oder rechts lag. Das klingt alles noch recht kontrolliert, war aber spätestens jetzt nicht mehr ganz ungefährlich: ich sprang mehr oder weniger blind von den Felsen ins tiefe Unterholz zurück und hätte dort sowohl blöd aufkommen als auch Schlangen oder ähnliches Ungeziefer beim Mittagsschlaf belästigen können. Ich malte mir bereits aus, wie ich hilflos auf einem Stein hocken würde, mit verstauchtem Knöchel oder Gift im Kreislauf, und überlegte vorsorglich, ob ich in einem solchen Fall eher wieder ab- oder lieber weiter aufsteigen würde. Die letzten Lebewesen, die mich noch lebend gesehen hatten, waren wohl die Kühe gewesen, und auf deren Erinnerungsvermögen hätte ich nicht viel gewettet.

„The only way is up" hörte ich in meinem Kopf, und weil das Ende des gefährlichen Waldes auch schon in greifbarer Nähe schien, kam mir das sehr schlüssig vor. Doch langsam mogelte sich ein weiteres Lied in meinen Sinn, mit zwar undefinierbarer Melodie, aber umso unmissverständlicherem Text: „This ain't no fun anymore".

Aber ich kam lebend oben heraus aus dem Wald. Am schönsten war es zu sehen, wie nahe ich dem Gipfel bereits gekommen war. Das letzte kleine Stück würde ich zur Not auch querfeldein bewältigen. Dachte ich. Aber ich geriet vom Regen in die Traufe: an die Stelle des schwierigen Waldes rückte nun eine noch schwierigere Vegetation: Gras. Aber nicht irgendein feiner englischer Golfrasen, sondern Schwertgras, das seinen Namen mit Stolz tragen darf wegen seiner messerscharfen Blattränder. Es wuchs gut einen Meter hoch und schnitt bei jedem Schritt in meine verschwitzten Beine, bis ich sprichwörtlich aus tausend Wunden blutete. Erwähnte ich, dass es nie eine gute Idee ist, mit Shorts eine Bergwanderung zu unternehmen? Es sei denn, man ist sich sicher, dass man sich auf einem Highway bewegt mit Hunderten anderer Touristen in Turnschuhen und hohen Absätzen...

Das letzte Hindernis auf dem Weg zum einsamen Gipfel.

Mein Glück war, dass sich an einigen Stellen Geröllawinen befanden, die das Gras weitgehend unterdrückten. Es waren ganz hübsche Lavafelder, zwar mit ziemlich losen Steinen, aber recht bequem zu überbrücken im Vergleich zum gnadenlosen Cogongras. Von Stein zu Stein zu hüpfen hatte mir schon immer Spaß gemacht, hier war es der letzte Schritt heraus aus einem ziemlichen Holzweg hinauf in den offiziellen Trampelpfad. Denn da war er plötzlich wieder: er kam von links und ging sanft ansteigend nach rechts weiter in Richtung Gipfel. Ein Highway war es sicher nicht, aber unverkennbar ein ordentlicher alpiner Wanderweg. Kein Mensch natürlich weit und breit, aber das war mir nicht nur egal, sondern in dem Augenblick auch recht. Ich setzte mich auf einen großen Fels am Wegesrand und holte nach langer Zeit endlich wieder eine Flasche Wasser aus meiner Tasche. Es war ziemlich genau Mittag, die Sonne stand hoch und brannte mir ins glückliche Gesicht. Ich nahm mir – wie einst Steve Martin in *Drei Amigos* – einen tiefen Schluck aus der Plastikflasche. Mein wieder entrationisiertes Wasser war lauwarm und still wie eine abgestandene Pfütze. Ich kann mich aber dennoch nicht erinnern, jemals ein Wasser so sehr genossen zu haben. Zum ersten Mal konnte ich jetzt die Aussicht knapp unter dem Gipfel genießen: Weit vor mir breitete sich die Boholsee aus, ich konnte White Island bestaunen, eine Sandbank, die jenseits der Inselhauptstadt im offenen Meer liegt und von der aus ich erst am Tag zuvor gemeinsam mit meiner Adoptivfamilie Mount Hibok Hibok bewundert hatte. Sogar mein kleines Hotel konnte ich ausmachen, winzig klein am südöstlichen Ende der Stadt.

Zur Vollendung fehlte mir nur noch der Blick in den Krater. Also stand ich vergnügt auf und marschierte die folgende Stunde die letzten paar Serpentinen hinauf zum Gipfel. Ein Spaziergang, beinahe ein Highway, und keine Menschenseele weit und breit. Nur ein paar Krähen leisteten mir Gesellschaft. Der Krater war so, wie man sich einen Krater vorstellt, mit noch einem Nebenkrater weiter westlich, in dem grünbraunes Wasser stand. Es war traumhaft, sich im Windschatten wieder hinzusetzen und die Elemente zu genießen: Sonne, Wasser,

Wind und Brotzeit, Aussicht und die Genugtuung, einen Gipfel auf die etwas härtere Tour bezwungen zu haben.

Ich ging auf dem Kraterrand noch ein wenig auf und ab, machte ein paar Fotos und noch ein paar Pausen. Kurz bevor ich mich auf den Rückweg machte, gab ich meinem total verschwitzten und ohnehin durchlöcherten Uralt-T-Shirt, das ich eigens an diesem Vormittag ein letztes Mal auftragen wollte, eine würdige Vulkanbestattung: ich legte es über einen Fels für ein letztes Foto, wickelte es dann um einen Lavabrocken und schleuderte es in Richtung des Mittelpunkts der Erde in den Hauptkrater. Außerdem suchte ich einen weiteren hübschen, repräsentativen Stein, den ich der Mutter meiner philippinischen Familie versprochen hatte: Dies sollte mein Gegengeschenk des Tages für ein weiteres Abendessen sein, zusammen mit einem lila Blümchen vom Kraterrand.

Rituelle T-Shirt-Bestattung am Vulkankrater.

Nun fragen Sie sich sicher, auf welchem Weg ich nachmittags wieder vom Berg herunter stapfte. Ich war selbst ganz neugierig. Natürlich ging ich aufmerksam und lächelnd an dem Punkt vorbei, wo ich aus Feld, Wald und Wiese auf den Pfad getroffen war. Es war an solchen Stellen nicht immer ein Pfad erkennbar, aber jenseits der Geröllabgänge ging stets auch irgendwo der Weg weiter. Es war noch immer ein wunderschöner Tag, ich pfiff ein Liedchen („I'm goin' down down down…") und schon bald befand ich mich im Wald auf halber Höhe des Bergs. Immer noch kein Problem, ich konnte die Brettwurzeln der Feigen bewundern, lustig verdrillte Äste und einige beeindruckende Ameisenstraßen. Eine imposante Straße war auch mein Waldweg inzwischen geworden, man hätte ihn fast Highway nennen können. Bald trat ich heraus aus meinem Abenteuer hinein in die Zivilisation: eine der erstbesten Holz- und Wellblechhütten verkaufte bereits eisgekühlte Cola (für diese Momente wurde sie erfunden!), und ich fand schnell nach Hause.

Die Erkenntnis des Tages war naheliegend: Natürlich war ich von Anfang an niemals auf dem richtigen Weg gewesen. Aber rückblickend – weil es gut gegangen ist – war's das allemal wert.

Fazit:

- Als Schwiegermamas Liebling kommt man exzellent durch die Philippinen, man darf nur die Gegengeschenke nicht vergessen
- Unbekannte Berge besteigt man eigentlich nicht allein
- Bei Unternehmungen mit Restrisiko in heißen Ländern sollte man nicht am Trinkwasser sparen müssen
- Ein verschlissenes T-Shirt kann man immer gut noch ein letztes Mal auftragen und dann würdig entsorgen

Mein persönliches Highlight:

- Camiguin

Machen:

- Die Reisterrassen der Ifugao im Norden Luzons sind die schönsten der Welt (Banaue, Batad)
- Bohol mit seinen lustigen Chocolate Hills und dem noch lustigeren Koboldmaki, einem der kleinsten Affen der Welt
- Eine Wanderung durch die meterhohen Laharschichten des Vulkans Pinatubo
- Wenn man starke Nerven hat, in der Karwoche in die großen katholischen Zentren

Meiden:

- Wie überall: naiv durch die Gegenden von Partisanen oder Piraten zu reisen (Teile Mindanaos, Sulusee)

Orientierungssinn kann man trainieren!

„Einmal selbst sehen ist mehr wert als hundert Neuigkeiten hören."
Japanisches Sprichwort

Ein gewisser Orientierungssinn ist unendlich wertvoll. Man bewegt sich einfach viel selbstsicherer, spart Zeit und Nerven, muss seltener nachschauen oder fragen, wenn man mal nicht mehr weiter weiß. Wenn Sie nun der Meinung sind, Sie hätten einfach keinen, dann lesen Sie dieses Kapitel erst recht.

Im Idealfall wissen Sie natürlich schon während Ihrer Spaziergänge, wo Norden ist und wo die Landmarks einer Stadt relativ liegen, denn dadurch reist es sich deutlich entspannter und sicherer. Ob man nun das Brieftauben-Gen hat oder nicht, man kann schon ein bisschen mehr machen als sich fatalistisch in sein Schicksal als Orientierungstölpel zu ergeben.

Als erstes empfehle ich, bereits vor der Ankunft einen ausführlichen Blick auf den Stadtplan zu werfen. Da reicht schon beinahe der skizzenhafte Plan, der in den meisten Reiseführern abgedruckt ist. Wenn es mehrere Pläne gibt – wie häufig bei größeren Städten – fangen Sie natürlich mit dem größten Maßstab an. Erfassen Sie die ganz großen topographischen Gegebenheiten, wie den Hausberg oder das Meer und seine relative Lage zum Zentrum und/oder zum Flughafen oder Bus Terminal oder Hauptbahnhof. Wo liegt die Kathedrale, falls es eine gibt? Wo liegt das Backpacker-Ghetto? Wie verläuft der Fluss oder die Küste? Arbeiten Sie sich nun ganz grob vor bis zur Karte des Zentrums an sich und lesen Sie dazu auch, wenn vorhanden, die paar Zeilen über Orientierung im Reiseführer Ihrer Wahl, da steht noch mal in Worten, was man auf der Karte meistens auch sieht.

Typisch einfache Städte in Sachen Orientierung sind die meisten Städte am Meer oder an großen Seen: New York, Rio, fast hätte ich Tokio gesagt, natürlich Kapstadt (Meer und Berg!), Barcelona, Hongkong, Vancouver, Sydney, Stockholm, Istanbul, Havanna, Alexandria, Bombay. Ebenso einfach findet man sich in Städten mit ausgeprägter natürlicher Topographie zurecht, wie beispielsweise San Francisco, Santiago, Montreal (Berg und Strom), La Paz, Lissabon, Lhasa. Sonderbar, dass man sich in solchen Städten mit klarer Gliederung auch leichter wohl zu fühlen scheint. Geht mir jedenfalls so. Hilfreich ist ebenso die künstliche Topographie, wie die erwähnten Kirchtürme, oder heutzutage viel häufiger signifikante Hochhäuser oder Funkmasten wie in Kuala Lumpur, Moskau, Dubai, Chicago oder auch Berlin.

Alle Eulen führen nach Athen.

Eher unübersichtlich kommen einem anfangs Städte vor wie etwa Bangkok oder Teheran und Sao Paulo. Auch die asiatischen Megacitys, in denen die Hochhäuser nicht mehr wie in den USA strikt im sonst unattraktiven Zentrum stehen, sondern überall ohne Konzept, können verwirrend sein.

Ganz allgemein mag ich Städte, in denen man an jedem Ort ein ungefähres Gefühl hat, wo es zum Zentrum geht. Zu guter Letzt gibt es noch die Sorte Städte, in denen man sich von vornherein gleich ins Zentrum begibt und dieses niemals verlässt, außer um zum nächsten Busbahnhof (oder irgendwelchen Pyramiden) zu kommen. Dazu gehören vor allem historische Schönheiten mit modernen Speckgürteln wie Damaskus, Kairo, Bukarest, Hanoi, Xi'an oder auch Oslo.

Städte sind oft genug der unattraktivste Ort manches Reiselandes. Kaum jemand bereist Namibia, um dann die ganze Zeit in Windhuk zu verbringen. Man wird aber dennoch immer wieder, und dann auch gern und zur Abwechslung oder zwecks An- und Abreise in eine Stadt kommen. Und dann hilft es einfach, wenn man sich dort schnell orientieren kann.

Vom höchsten Punkt aus erst einmal einen Überblick verschaffen.

Wenn Sie an Ihrem Zielort ankommen sind und eine leise Ahnung haben, finden Sie vielleicht schon ein paar Bezugspunkte dort, wo Sie sie vermuten: den Hausberg sollten Sie sehen, wenn es einen gibt! Vielleicht ist es nur ein kleiner Hügel, dafür mit einer Burgruine oben darauf. Unverkennbare Kirchtürme einer Kathedrale? Sie wissen Bescheid! Bei der Einfahrt in die Stadt – mit egal welchem Verkehrsmittel – haben Sie schon das Meer gesehen? Dann ist das Meer auch am nächsten Tag noch in der Richtung!

Wenn ich per Bus oder Bahn in eine fremde Stadt einfahre, dann schlafe ich auch nicht, sondern versuche gleich zu kapieren, wie die Dinge liegen, welche Einfallstraße wir verwenden, ob wir nicht an irgendeinem Detail vorbeikommen, das auch in meinem Reiseführer steht, etwa ein großes Hotel, das mich eigentlich gar nicht interessieren würde, aber trotzdem gut als Wegpunkt taugt. Naja, oder ich schaue neuerdings einfach auf mein GPS... Aber wenn es keinen Berg, keine Kathedrale gibt, auch keinen Fluss und kein Meer, wenn Sie glauben, es gäbe nicht einmal mehr Himmelsrichtungen, womöglich ist es dunkel und neblig, dann haben Sie keine Panik. Denn im schlimmsten Fall übertragen Sie die Aufgabe, sich auszukennen, einem Taxifahrer. Oder, wenn Ihre Unterkunft nur ein paar hundert Meter vom Bus Terminal weg ist, fragen Sie kurz jemanden. Oder lassen Sie sich abholen. Dann können Sie immer noch beim Check-in oder am nächsten Tag an der Rezeption fragen, ob man einen Stadtplan für Sie hat (nicht dass Sie keinen hätten, meistens gibt's alle wichtigen Stadtpläne in jedem guten Reisebuch, aber die Abreiß- oder Faltpläne der Hotels sind hosentaschentauglicher und schön bunt. Außerdem kreist der Kamerad immer schön die Lage Ihres Hotels ein.

Wie auch immer, gehen Sie gleich oder am nächsten Tag raus und erkunden Sie die Stadt immer mit der Karte im Hinterkopf. Überlegen Sie sich, ob Sie nicht mit dem Hausberg oder einem anderen erhabenen Punkt, einem Kirchturm oder der Aussichtsplattform eines Hochhauses beginnen wollen.

Wenn eine fremde Großstadt Ihnen erst einmal buchstäblich zu Füßen liegt, merken Sie gleich, wie die Dinge relativ zueinander liegen. Suchen Sie sich auch gleich die Punkte heraus, die Sie sich sowieso anschauen wollen: sieht man das Museum schon am Rande des großen Parks? Wo ist der Yachthafen? Was sieht noch interessant aus? Häufig helfen Ihnen Tafeln, auf denen alle wichtigen Landmarks auch gleich in zig Sprachen beschrieben sind. Bei schönem Wetter wissen die Fortgeschrittenen sowieso immer, wo Norden ist – vorausgesetzt, man hat die grobe Uhrzeit parat und weiß, auf welcher Halbkugel man sich gerade befindet (der Profi berücksichtigt auch die Wendekreise und Jahreszeit und freut sich, wenn er kapiert hat, warum der Schatten bisweilen senkrecht nach unten weist). Im Übrigen will es ein guter Hobbyfotograf auch nicht dem Zufall überlassen, wo bei diversen Sehenswürdigkeiten das Licht herkommt und macht sich direkt beim Studium der Stadtpläne (und auch sonst!) Gedanken darüber. Nur so viel Basiswissen an dieser Stelle: auf der Nordhalbkugel steht die Sonne mittags grob im Süden und wandert danach immer nach rechts unten, auf der Südhalbkugel läuft sie linksherum durch den Nordhimmel. Aber sie geht trotzdem immer brav im Osten auf, anders geht es nicht. Ich habe auch erst auf meiner ersten Australienreise darüber nachgedacht. Später auf den Lofoten hatte ich nochmals das Vergnügen, die Sonne im Norden zu sehen, aber da war es halb drei Uhr nachts...

Es muss aber gar nicht exakt sein, meistens geht es nur um die Entscheidung, eine Straße hinunter oder hinauf zu laufen, und die Sonne ist schon recht zuverlässig dort, wo sie hingehört. Das hilft leider nichts bei Nacht oder Nebel oder in modernen chinesischen Städten, die so versmogt sind, dass man die Sonne glatt mit dem Mond verwechselt. Dann kann man natürlich einen Kompass benutzen, einen echten Reisekompass oder zur Not auch den im Smartphone. Aber selbst das bringt nichts, wenn man die Karte nicht mal grob kennt.

Wann steht die Sonne senkrecht über dem Wendekreis des Steinbocks? Und wo ist dann Norden?

Wenn Sie also endlich spazieren gehen, unterscheiden sich die Brieftauben von den Hilflosen: die einen haben die Karte grundsätzlich schon im Kopf, die anderen noch in der Hand, aber egal: in beiden Fällen ist der nächste Schritt, abstrakte Karteninformationen mit bunten Häusern, charakteristischen Landmarks und Fixpunkten abzugleichen. Sie füllen also in Ihrer Erinnerung die Lage der Dinge mit dem Aussehen der Dinge, und das am besten auch gleich im Kontext mit dem erwähnten Hausberg, der Kathedrale, dem Meer oder Fluss. Das geht spielerisch und ganz nebenher und sollte Sie kein bisschen von Ihrer Stadtbesichtigung abhalten. Im Gegenteil werden Sie sich bei einem längeren Aufenthalt viel mehr auf die Besichtigung und Aufnahme der Eindrücke konzentrieren können, weil Sie sich gar nicht mehr großartig um die Orientierung kümmern müssen. Sehen Sie ein bekanntes Landmark, vielleicht einen spitzen Kirchturm oder eine grüne Moschee mit großem Kreisverkehr davor von einer anderen Seite, dann wissen Sie ohne viel Nachdenken, von welcher Richtung Sie das schon mal gesehen haben. Es ist ein erfüllendes, überlegenes Gefühl, sich in einer so fremden Stadt so schnell auszukennen! Es beeindruckt auch etwaige Reisebegleiter immer, wenn man scheinbar mühelos auf einem völlig anderen Rückweg das geparkte Auto wieder findet. Und es gibt kaum eine Stadt, wo das wirklich schwierig ist. Irgendein Gewässer, einen Berg, ein paar Hochhäuser oder Türme gibt es praktisch immer. Wer braucht da noch ein tragbares GPS? Ich habe trotzdem ganz gern GPS dabei, aber weniger zum Nachschauen, sondern zum Aufzeichnen meiner Route, die ich später auf einer Karte nachvollziehen kann, und die auch dem Verorten von Fotos dient (Geotagging).

Das gleiche geht auch, wenn Sie mit dem Auto irgendwo durch müssen. Der Unterschied ist lediglich, dass Sie nicht zu jeder gegebenen Sekunde Zeit haben, schnell den Stadtplan hervorzukramen. Umso wichtiger ist eine gewisse Vorbereitung (insbesondere wohin Sie eigentlich fahren wollen, und auch wohin Sie womöglich keinesfalls fahren wollen) und anschließend eine kleine Nachbereitung (wie sahen die Straßen, die ich entlanggefahren bin, realiter aus?). Wenn Sie sich verfahren haben, schauen Sie sich nachher auf dem Stadtplan genau an, wo und am besten auch warum das passiert ist, dann passiert es Ihnen kein zweites Mal. Ich mache das sogar in meiner Heimat manchmal so.

Weil wir gerade dabei sind: ich weiß, dass viele, vielleicht auch Sie gern eine GPS-Routenführung in Fahrtrichtung haben, womöglich ganz toll mit 3D-Effekt und Schönwetterwölkchen am Himmel, obwohl es draußen stockfinster ist. Das ist für den faulen Autofahrer, der sich nur noch blind auf seine Navigation verlassen will, auch völlig ausreichend. Ich bin aber der Meinung, dass nur eine nordweisende Karte eine gute Karte ist, denn nur dann haben Sie alle Orte verlässlich am rechten Fleck. Bestimmt mag es manchen Leuten größte

Probleme bereiten, rechts in links umzurechnen, wenn man nach Süden fährt, aber ist das wirklich so schwer? Oder bilden Sie sich vielleicht auch nur ein, dass Sie gar keinen Orientierungssinn haben, so wie sich manche Schülerinnen gegenseitig einreden, dass Mathe keinen Spaß macht? Unsinn, hören Sie damit auf, die Straßenkarten „in Fahrtrichtung zu drehen", und stellen Sie bei Ihrer Navigation gefälligst die gute alte 2D-Ansicht nordweisend ein. Dann sind Meer und Berge auch wirklich immer da, wo sie hingehören, und auf einmal können Sie es sich merken.

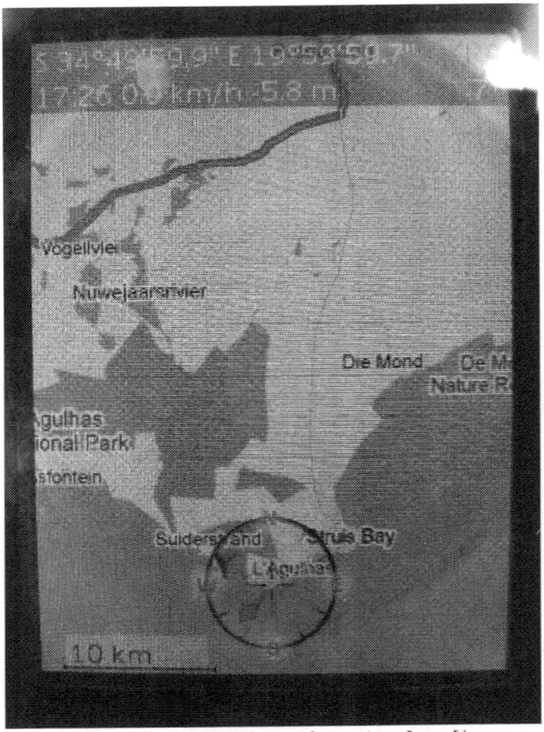

Mein allerbilligstes GPS bestand aus einer Java-Freeware für ein gar nicht so smartes Phone.

Ein weiterer Nebeneffekt dieses ganzen Aufwands ist, dass Sie künftig ohne Blick auf die Karte mitreden können, sobald sich eine Gesellschaft (etwa in der nächsten Stadt oder viel später zu Hause) über Ihre Reiseziele unterhält. Wie sähe das denn aus, wenn Sie gar nicht so genau wüssten, wo Sie ungefähr gewohnt haben? Das Hotel war grün, ach so...

Und ganz zum Schluss, wenn Sie bereits zu Hause sind, erleben Sie ruhig die ganze Reise nochmals auf Google Earth (oder Bing oder sonstwo) rein geographisch nach, mit oder ohne GPS Tracks. Auch wenn Sie nichts für Geographie übrig haben, Sie werden unzählige Fotos finden, die Ihnen vertraut vorkommen, vielleicht ein paar zusätzliche, die Sie gern gemacht hätten, wenn der Elefant über dem Wasserfall nicht weggelaufen wäre. Sie werden viel Zeit mit Ihrem Urlaub verbringen, auch wenn er schon vorbei ist, aber in unserer Definition ist er noch gar nicht vorbei, solange wir uns noch intensiv daran erinnern.

Peru, Ecuador

„Simply put, the Guadalajara bus terminal is fascinating in an frustrating way. It is devoid of logic, information on timetables and prices is gathered by osmosis – those who have it assume those who don't are stupid and those who don't have the information are destined to wander around for hours, maybe days, trying to understand what's going on. The purpose of this guide should be to guide you through this chaos – sorry we can't."
Footprint Central America and Mexico, 2004

In allen Andenländern gibt es einerseits traumhafte Landschaften und phantastische Kolonialstädte zu bewundern, eine schöne Sprache, die man leichter lernen kann als das europäische Spanisch und eine ausgezeichnete Infrastruktur für den unabhängigen Individualreisenden. Andererseits gibt es in jedem Land eine ziemlich verlässliche Grundkriminalität und je nach Jahreszeit ein paar andere echte Gefahren.

Man kann die Kriminalität, der man speziell als Traveller ausgesetzt ist, unterteilen in solche ohne und solche mit Gewalteinwirkung. Die gewaltfreie Kriminalität ist im Vergleich nicht nur die etwas angenehmere, man kann auch relativ gut verhindern, dass man ihr zum Opfer fällt. Dazu zählen der klassische Taschendiebstahl in allen alten und modernen Variationen, Betrügereien beim Geldwechsel, Hütchenspieler und – häufiger als alles andere – das durch Nachlässigkeit oder Dummheit heraufbeschworene Abhandenkommen des kompletten Reisegepäcks. Übrigens gehen solche Gefahren häufig von Ihren unbekannten Mitreisenden aus, nicht nur von Ihren Gastgebern. Oder auch von kleinen Kindern!

Damit Sie nicht meinen, ich hätte leicht reden, erzähle ich Ihnen, wie mir vor vielen Jahren aus purer Dummheit meine

Kamera geklaut worden ist: Es geschah in Quito, der Hauptstadt Ecuadors. Eine schöne, sehenswerte Stadt, knapp 3.000 Meter hoch über dem Meeresspiegel. Ich war bereits ein paar Tage dort zur Akklimatisierung für ein paar deutlich höhere Berggipfel. Dann kam der Silvesterabend. Nach einem vom Hostel organisierten Dinner ging ich mit ein paar Leuten heraus auf die Straße, um auf Mitternacht zu warten und vor allem um zu sehen, wie die Ecuadorianer Silvester feiern. Um es kurz zu machen: anders als wir. Es werden lebensgroße Puppen von Politikern in Brand gesetzt. Dazu versammeln sich ungefähr hunderttausend Menschen auf den Straßen. Mitten in diesem Getümmel, es war noch nicht einmal Mitternacht, zogen mir ein paar kleine Kinder – die brennenden Politiker waren ihnen wohl egal – meine Kamera aus der Hosentasche.

Street Performance in einer hochgelegenen Andenhauptstadt – da wippt der Fuß.

Ich hatte gerade eben noch ein Foto gemacht, das hatten sie offenbar beobachtet. Ich bemerkte den Diebstahl natürlich sofort, sah die Bengel weglaufen, aber da war gar nichts mehr zu machen. Nach fünf Schritten hatte ich das schon eingesehen. Weg waren sie mitsamt allen Fotos der ersten paar Tage. Ich war sauer, beschloss aber schnell, dass es meinen Urlaub nicht besser machen würde, wenn ich mich wochenlang darüber aufregen würde. Außerdem würde die Kamera davon auch nicht wieder zurückkommen. Ich kaufte gleich am nächsten Tag eine völlig überteuerte gebrauchte Kamera, die ungefähr meiner alten entsprach, und wartete fast darauf, dass ich meine eigene für 400 Dollar wieder finden könnte. Der Silvesterabend ging übrigens recht unspektakulär zu Ende: Vor Mitternacht gingen alle nach Hause, um mit der Familie zu feiern. Erst viel später begannen die lauten Partys. Und es wurde noch ein wunderschöner Urlaub.

Der Gute klaut nur die Räder, der Böse den Geldkoffer, oder wie muss man diese Warnung verstehen?

Kehren wir noch einmal zurück zur Theorie, wie ich mich richtig verhalte sollte: Erstens und am wichtigsten ist, dass ich immer meine wachen Sinne bei mir habe. Das Portemonnaie gehört in einer großen Menschenmenge nicht in die Gesäßtasche. Wenn Sie immer die Hand darauf haben, kommen nur Zauberkünstler unbemerkt heran. Die soll es geben – aber selbst die finden und konzentrieren sich auf leichtere Opfer. Machen Sie sich die Statistik zunutze: werden Sie niemals selbst das leichteste Opfer, es muss immer einen noch Dümmeren geben (und das ist einfach). In einer vom Gepard gehetzten Antilopenherde genügt es bildlich gesprochen, das zweitlangsamste Tier zu sein.

Wenn Sie nicht ständig mit der Hand in Ihrer Hosentasche herumlaufen wollen, etwa weil Sie ein Foto machen oder auf dem Stadtplan nachschauen wollen, bewegen Sie sich erst ein bisschen aus dem großen Pulk heraus. Sobald Luft ist, ist die Bedrohung für einen Moment gleich null. Bewegung ist eine der einfachsten Methoden, dem Gelegenheitsdieb jede Gelegenheit zu rauben. Das war schon in den Geheimdienstthrillern des Kalten Krieges so – ein guter Agent ist in der Menge unsichtbar, weil ständig in Bewegung. Wer zwei Stunden braucht, um sich an einem einzigen Marktstand ein T-Shirt zu kaufen, wird zum leichten Opfer. Die Gefahr geht an dieser Stelle niemals vom Verkäufer aus – das sind, auch wenn man sie alle für Halsabschneider hält – Geschäftsleute, denen es genügt, wenn Sie ihnen den zehnfachen Preis freiwillig zahlen. Nein, die latente Gefahr nähert sich fast immer von hinten. Deshalb trägt man dort auch kein Portemonnaie, keinen Autoschlüssel und auch sonst nichts Wertvolles, sondern allenfalls ein Taschentuch oder ein Hustenbonbon. Unterschätzen Sie nie das Gefahrenpotenzial von Menschenmengen, selbst vor sechsjährigen Kindern sollten Sie sich in Acht nehmen.

Als wunderbares Placebo helfen all die angeblichen Profiutensilien wie Bauchtaschen, Geldgürtel etc. Nicht dass Sie damit wirklich sicher wären, die Bauchtasche sieht ein Blinder. Aber solange es leichtere Opfer im gleichen Getümmel gibt als Sie, ist es dem Taschendieb viel zu viel Aufwand, sich mit Ihrem Geldgürtel abzugeben. Wenn Sie den Tagesrucksack festhalten und nicht irgendwo abstellen, während Sie Ihre Fotos machen, besteht kein Grund mehr für Paranoia.

Placebos sind Geldgürtel auch deshalb, weil sie zu einem vagen Gefühl der Sicherheit beitragen. Dieses Gefühl ist reine Autosuggestion und transportiert die Botschaft in Ihren Kopf: Seht her, ich bin gut vorbereitet! Wer sich selbstbewusst und mit der Aura eines alten Hasen bewegt, ist kein leichtes Opfer mehr. Ihre Körpersprache sollte betonen, dass Sie das hier nicht zum ersten Mal machen, dass Sie nicht zermürbt sind von den Strapazen eines langen Fluges oder eines Nachtbusses, sondern höchstens von der Schönheit des Landes. Sie müssen sich fühlen und gebärden wie ein Fisch im Wasser, dann sind Sie für Gauner völlig uninteressant.

Eine gute Vorbereitung dient genau diesem Zweck, nämlich Selbstsicherheit und Gelassenheit auszustrahlen: Sie müssen sich bereits zu Hause auf alle Eventualitäten, die Ihnen Taschendiebe zufügen können, vorbereiten. Dazu gehören Kopien Ihres Reisepasses, eventuell der Visa, Impfpässe, wichtiger Voucher und Tickets. Passkopien genügen bei vielen Gelegenheiten, wo der Pass verlangt wird – in vielen Ländern ist das in jedem Hotel der Fall. So müssen Sie nicht jeden Abend allen Zuschauern zeigen, wo Sie Ihre Wertsachen aufbewahren oder dass Sie einen Bauchgurt tragen. Es ist ratsam, dass solche Passkopien möglichst schwarz-weiß und schlecht ausgeschnitten sind. Manch kreativer Polizist soll schon ernsthaft versucht haben, Touristen mit hübsch laminierter Farbkopie der Urkundenfälschung zu überführen...

Diese ganzen Kopien verteilen Sie an den verschiedensten Stellen im Gepäck, im Toilettenbeutel sowie in den Seitentaschen jeder Tasche oder jedes Rucksacks. Außerdem scannen Sie alle wichtigen Dokumente ein und schicken sie sich an Ihre eigene Emailadresse. Sie haben dann, wenn wirklich alles weg sein sollte, immer noch eine Ausweismöglichkeit, auf die Sie in Ihrer Botschaft bequem per Computer zugreifen können. Ihr E-Ticket vom Flug haben Sie sowieso immer griffbereit in Ihrer Email – das ist der tiefere Sinn eines E-Tickets.

Wenn Sie eine oder mehrere Kreditkarten dabei haben, notieren Sie sich auf einem Zettel (den Sie ebenso vervielfältigen) und elektronisch die jeweilige Nummer (aber natürlich nicht die PIN, und auch nicht das Ablaufdatum). Die Nummern können Sie kodieren, um ganz sicher zu gehen – zum Beispiel alle Stellen plus 1 ist bereits ein guter Schutz, solange Sie den Code nicht daneben schreiben. Darunter notieren Sie die Telefonnummern des ausgebenden Kreditinstituts, um im Verlustfall sofort die Karte sperren lassen zu können. Es gibt auch ein paar zentrale Nummern, die man schnell im Internet findet; aber bitte nicht erst danach suchen, wenn die Karte weg ist, denn dann zählen Minuten.

Falls Sie mit mehreren Kreditkarten oder Reiseschecks (oder Geldbündeln) unterwegs sind, können Sie diese entweder an einem möglichst sicheren Ort zusammenhalten (also nicht in der Gesäßtasche) oder bewusst verteilen: im Geldgürtel, im Hotelsafe, oder unterwegs in verschiedenen Taschen, auf die Sie dann natürlich gleichermaßen gut achten sollten. So maximieren Sie zwar einerseits die Wahrscheinlichkeit, dass ein Teil verloren geht. Andererseits sind Sie aber auch nie alles auf einmal los. Ich fühle mich jedenfalls immer besser, wenn ich neben meinem Pass auch eine Ersatz-Kreditkarte im Hotelsafe deponiert habe.

Nehmen Sie möglichst wenige Dinge mit, die Ihnen besonders wichtig sind, ideell oder materiell. Das gilt für Kleider und Schmuck – natürlich brauchen Sie nicht so abgerissen herumlaufen, dass Ihnen jedes Foto peinlich ist, das von Ihnen gemacht wird. Aber es trägt sehr zu einer entspannten Außenwirkung bei, weil Sie wissen, dass im Fall der Fälle das Wertvollste, was Sie beim Totalverlust des Rucksacks abschreiben müssen, der Rucksack selbst ist und nicht das Lieblingskleid, das Schmuckkästchen oder – Katastrophe! – die bereits vollgeknipsten Speicherkarten aus der Kamera. Kleiner Hinweis an dieser Stelle: machen Sie aus zwei Gründen Sicherheitskopien von den Karten: erstens können sie verloren gehen oder gestohlen werden und zweitens könnten sie zu Hause unwiederherstellbar unleserlich sein. Ich hätte das selbst nicht geglaubt und auch nicht dazu geraten, wenn es mir nicht mit einer SD-Karte passiert wäre. Und es gelingt nicht einmal absoluten Profis, die Fotos wieder zurückzuholen. Nehmen Sie also eine der praktischen tragbaren und robusten Reise-Festplatten mit, sichern Sie Ihre Fotos auf Ihren mp3-Player oder ins Telefon oder brennen Sie zumindest ab und zu eine Daten-Foto-DVD. Und dann passen Sie auf diese ideellen Werte (das können auch Email-Adressen sein, ein Tagebuch, das Taucher-Logbuch) sehr gut auf.

Ein solcher lokaler Markt ist ziemlich entspannt.

Einmal in Peru wollte ich wissen, wie es sich anfühlt, erleichtert zu werden. Es war in Lima, gegen Ende einer grandiosen Südamerikareise. Sowohl das Reisebuch als auch der Besitzer meines kleinen Hotels hatten mich eindringlich davor gewarnt, mehr Geld als nötig oder gar eine Tasche mit in die Innenstadt zu nehmen. Doch weil ich bereits am Umpacken war für den Heimflug, und mehrere Dinge wie ein altes Paar

Turnschuhe oder ein Sweatshirt mit Loch ohnehin aussortieren wollte, stopfte ich sie in meinen alten, innerlich bereits abgeschriebenen Tagesrucksack. Diesen schwang ich mir selbstbewusst über die Schulter und marschierte los. Geld, Kamera, Wertsachen hatte ich natürlich im Hotel gelassen. Es war ein wunderbarer Spaziergang, die Sonne schien, und das Zentrum, mithin UNESCO-Weltkulturerbe, war ganz reizend. Nur meinen Rucksack wollte keiner klauen. Später setzte ich mich sogar auf eine Parkbank, legte den Rucksack provozierend neben mich und sah in die andere Richtung. Glauben Sie, jemand hätte sich dafür interessiert? Da wollte ich im Selbstversuch ausprobieren, wie sich Taschendiebstahl anfühlt, damit ich es in einer realen Situation besser einschätzen und vielleicht verhindern könnte und bin kläglich gescheitert. Und wissen Sie, warum? Nicht, weil alle Taschendiebe der Plaza de Armas an genau dem Tag Urlaub hatten. Sondern weil man mir in diesem Moment einfach ansah, dass ich so blöd gar nicht sein konnte.

Verbreiten Sie auch diese Aura, selbst wenn Sie Ihre Wertsachen dabei haben! Sehen Sie einfach nicht aus wie ein naives Opfer. Auch wenn dies leichter gesagt ist als getan, mit den Hinweisen von oben und den richtigen Vorbereitungen für Ihren Peace of Mind sind Sie auf dem richtigen Weg. Nur werden Sie bei aller Souveränität bitte nicht leichtfertig.

Fazit:

- Es gibt immer ein noch naiveres Opfer
- Peace of Mind ist ein gutes Gefühl, das Überlegenheit und Souveränität ausstrahlt
- Die richtige Vorbereitung und das Befolgen einfacher Regeln tragen enorm zur Souveränität und zum Peace of Mind bei

- Der souveräne Urlauber ist kein nahe liegendes Ziel für Taschendiebe. Aber sehr wohl ein Pauschaltourist, der schon beim Aussteigen aus dem Bus ins Schwitzen gerät, obwohl er rundum sorglos gebucht hat

- Lieber ein Dokument zu viel kopiert als jahrelang über den Verlust geärgert

Mein persönliches Highlight (buchstäblich):

- Der Cotopaxi, technisch einer der leichtesten Fünftausender der Anden und exakt drei Meter höher als der Kilimanjaro

Geschafft: nach unvergesslichem Nachtaufstieg auf den Gipfel des Cotopaxi.

Machen:

- Cuenca, die zweite Andenstadt Ecuadors – sehr empfehlenswerte Spanischkurse dort
- Galápagos – lässt sich viel günstiger in Quito buchen als zu Hause
- Cuzco – trotz Touristenhorden eine der schönsten Städte Lateinamerikas, von dort den Inkatrail nach Macchu Pichu (obwohl der Gruppenzwang purer Abzock-Massentourismus ist – also mit ein paar coolen Leuten eine eigene Gruppe aufmachen!)

Meiden:

- Zur falschen Zeit am falschen Ort sein
- Zu viel Reichtum durch arme Gegenden schleppen
- Nach dem ersten Tag auf über 3.000 Meter Höhe gleich Bäume ausreißen wollen

Ungewissheit gibt den Kick!

„Anywhere I lay my head, that place I call my home."
*Tom Waits (*1949), US-amerikanischer Liedermacher und Schauspieler*

Es ist nicht zu verleugnen, dass Gefühle der Ungewissheit, erst recht in Kombination mit anderen Faktoren wie Lärm oder Menschenmengen, einem den Tag vermiesen können. Doch paradoxerweise sind die schönsten Erinnerungen oft die an Situationen, als es mal „ein bisschen knapp" wurde, am Ende aber doch noch gut gegangen ist. Und das tut's ja immer, wenn Sie sich nicht in dumme Gefahren begeben. Planen Sie trotzdem so, dass die unvorhergesehenen Schwierigkeiten möglichst selten auftreten – bloß weil ich hier behaupte, die besten Erinnerungen seien die knapp vermiedenen Katastrophen, heißt das noch lange nicht, dass Sie die Katastrophen aktiv einplanen sollen!

Wer bisher ausschließlich pauschal gereist ist, für den beginnt die Ungewissheit spätestens am Flughafen: Niemand holt Sie ab. Sie haben nicht einen ganzen Ordner voll Voucher und werden nicht Ihre ersten Begegnungen darauf beschränken, verschiedenen Leuten verschiedene Gutscheine in die Hand zu drücken (und im Hinterkopf schon eifrig notieren, was gut klappt und was nicht, man könnte es ja später mal für irgendwelche Klagen gebrauchen). Nein, Sie stehen allein da und sind gezwungen, sich selbst glücklich zu machen.

Genießen Sie dieses Spiel: Sie entscheiden an jeder Weggabelung, wohin Sie weitergehen. Lassen Sie sich durch Hinweisschilder leiten, hilfreiche Menschen oder Ihr Reisebuch, Sie sind nie in einer Sackgasse. Ich könnte mir kaum schöneres vorstellen, als im hintersten Winkel von Molwanien oder San Sombrero ausgesetzt zu werden mit ein paar absoluten Notwendigkeiten – Reisepass, Kreditkarte, Ohrstöpsel – und zu beginnen, das neue Terrain zu erforschen, aus dieser Situation wie aus jeder anderen einfach das Beste zu machen. Wenn man keine Alternative hat wie ein ausgesetzter Hund, besinnt man sich seiner Instinkte. Dies ist ein sehr befriedigendes Gefühl. Ich würde mich nie absichtlich in Lebensgefahr und Unfreiheit begeben wollen, aber wenn ich aus unkomfortablen Situationen immer wieder das absolut Beste gemacht habe, macht es langfristig ziemlich glücklich. Lassen Sie sich mal von einem der nach 70 Tagen geretteten Bergleute aus der Atacama in Chile erklären, was wirklich wichtig ist im Leben. Da alles relativ ist im Leben, alles eine Frage des Blickwinkels, wünsche ich Ihnen, wenn Sie mal ins kalte Wasser gesprungen sind, viele schaurig schöne Ungewissheiten. Wenn Sie alle gelöst haben, unterhalten wir uns wieder.

Armenischer Lada – Reifenwechsel sind außerhalb Mitteleuropas Routine und in fünf Minuten erledigt.

Gut, ich will Ihnen an dieser Stelle noch ein paar Tipps geben: Der weitaus häufigste Grund für ein mulmiges Gefühl ist, ohne Unterkunft dazustehen, während es immer dunkler und kühler wird. Die einfachste Methode zu verhindern, dass das passiert, ist weise im Voraus zu buchen. Also genießen Sie das Gefühl, die nächste Unterkunft fest reserviert zu haben, vielleicht auch die übernächste. Aber nicht viel mehr! Wandern Sie weiter auf dem schmalen Grat zwischen Organisation und Improvisation. Mit zu viel Vorausplanung nehmen Sie sich die größte Freiheit, die ein Individualtourist hat, nämlich kurzfristig ausbrechen oder sitzen bleiben zu können. Treffen Sie mindestens (und höchstens) eine „große" Entscheidung pro Tag: wohin geht's als nächstes konkret, auch wenn es grob schon vorher klar war? Wo schlafe ich heute Nacht? Mindestens die Stadt sollte klar sein, mehr muss nicht sein, wenn Sie sich sicher sind, dass es dort mindestens zwei bis drei Optionen gibt. Rufen Sie vielleicht mal dort an (oder bitten Sie den Kameraden an der „Rezeption" der letzten Unterkunft, er möge bitte dort anrufen – das hat mir noch keiner abgelehnt!) und prüfen die *vacancies*.

Es gibt nichts Beruhigenderes für den Peace of Mind als bereits zu wissen, wo man später ankommen wird und dass dort ein Bett frisch gemacht ist, egal wie viel Verspätung der Bus, der Zug, das Mietauto haben wird. Und eines Tages werden Sie genau in der Situation der stundenlangen Verspätung den Unterschied erkennen zwischen Ihnen selbst, der gelassen bleibt und weiß, wo er heute zu Hause sein wird, und dem, der vielleicht versäumt hat, sich darum zu kümmern, weil er dieses Buch nicht gelesen hat oder kein Wort glaubt von dem, was ich hier erzähle. Falls er irgendwann um zwei nervös wird, sind Sie vielleicht so nobel und sagen ihm, er könne ja erst mal mitkommen in das von Ihnen gebuchte Hotel. Vielleicht sei da ein zweites Bett / Zimmer / Suite frei, und falls nicht, seien ja noch zwei Hotels ums Eck, in jedem Fall könne er mit Ihnen das Taxi teilen (und die Hälfte zahlen – und ein halbes gespartes Taxi ist immer ein extragroßes Frühstück!).

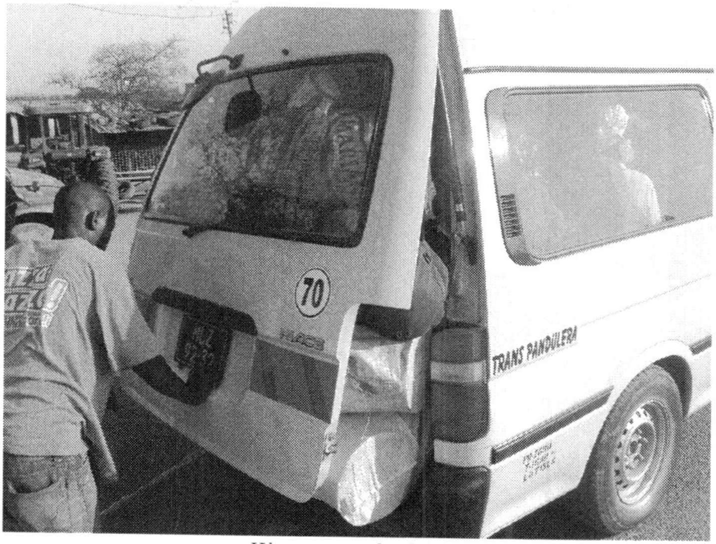

Klappe zu und Abfahrt.

Wer viel improvisiert auf seinen Reisen, hat bei aller Freiheit auch bisweilen die eine oder andere Ungewissheit zu verarbeiten. Es gibt wenig Beunruhigenderes als machtlos im Bus zu sitzen und um seinen wichtigen Anschluss zu zittern, obwohl man schlappe vier Stunden Puffer dazwischen eingebaut hat (weil man ja mit dem Zweitschlimmsten schon gerechnet hat). Womit Sie in manchen Ländern immer rechnen sollten: Busse oder Sammeltaxis fahren ungern los, bevor sie randvoll sind. Wenn man genügend Zeit hat, ist es beinahe komisch zuzusehen, wie die Fahrer alle paar Minuten den Motor anlassen, um genau vierzig Zentimeter weiter zu ruckeln und den Eindruck zu erwecken (vor allem nach außen, innen wird geduldig gewartet), es ginge nun aber auch wirklich gleich los. Wenn Sie es eilig haben, können Sie an dieser Stelle hervorragend positiv denken üben...

Protokoll eines alten Reisebusses, irgendwo in den Anden:

- 7:00 Uhr: Laut Footprint Reiseführer geht's jetzt los.
- 7:01 Uhr: Der Motor läuft, es geht gleich los. Ah, jetzt's geht's los!
- 7:05 Uhr: Wir sind nur dreißig Zentimeter weit gekommen, der Motor ist wieder aus.
- 7:27 Uhr: Der Fahrer unterhält sich mit anderen Fahrern und raucht.
- 7:46 Uhr: Inzwischen sind noch elf weitere Fahrgäste eingestiegen – schon klar, natürlich haben wir nur darauf gewartet, bis der Bus voll ist.
- 7:52 Uhr: Der Motor läuft schon wieder, ich habe inzwischen die erste Ration Frühstücksgebäck gefuttert, die ich eigens für die lange Fahrt eingepackt hatte.
- 7:57 Uhr: Diesmal sind wir zwei Meter weitergekommen, der Motor läuft immer noch, der Fahrer ist aber wieder ausgestiegen. Ich sehe kleine Sammeltaxis auf der anderen Seite abfahren, in deren Windschutzscheibe der gleiche Zielort steht wie in meinem Bus, und frage mich, ob ich nicht einfach umsteigen soll.
- 8:11 Uhr: Ein paar Fahrgäste sind auch wieder ausgestiegen und kaufen sich etwas zum Essen; ich lese tapfer weiter die präkolumbianische Geschichte von Peru (obwohl ich mich gerade in Ecuador befinde).
- 8:32 Uhr: Auf einmal geht alles ganz schnell. Unser Fahrer ist gar nicht der Fahrer, sondern ein anderer Mann, der auch viel mehr wie ein Fahrer aussieht. Er ist sehr cool, trägt eine Sonnenbrille, steigt mit Schwung ein, die Maschine läuft, alle Passagiere klet-

tern an Bord. Nur komisch, dass da noch sechs oder sieben Plätze frei sind...

- 8:33 Uhr: Wir verlassen den Terminal Terrestre. Ich freue mich auf eine schöne Überlandfahrt.
- 8:35 Uhr: Direkt vor dem Gate des Busbahnhofs steigt ein Dutzend schlauer Männer ein – die haben sich den halben Dollar Terminalsteuer gespart.
- 8:58 Uhr: Nach einigen verwirrenden Runden durch die Innenstadt sind noch einmal Leute zugestiegen.
- 9:07 Uhr: Ich traue meinen Augen nicht – wir sind schon wieder am Busbahnhof!
- 9:09 Uhr: Jetzt geht's los, und wirklich, wir verlassen die Stadt.
- 9:17 Uhr: Der Bus überholt alles, was nicht bei drei auf dem Baum ist, wir fahren mit Affenzahn, als gälte es, zweieinhalb Stunden Verspätung aufzuholen. Stattdessen geht es nur darum, wartende Passagiere vor den Konkurrenzbussen aufzusammeln
- 9:52 Uhr: Wir haben einen Platten hinten rechts, aber immerhin auf einer atemberaubenden Passstraße. Ich bin warm angezogen, habe genug zum Lesen, zum Essen, und wahrhaftig auch genug zu sehen. Und die Jungs wechseln innerhalb von 15 Minuten, als hätten sie es heimlich geübt...
- 10:14 Uhr: Gerade als wir wieder losfahren, werden wir von einem Bus überholt, der laut Fahrplan erst um 9:30 losgefahren sein dürfte. Ich ärgere mich ein wenig, dass da ein paar Touristen drinsitzen, die ausgeschlafen sind, gefrühstückt haben und sich darüber

echauffieren, dass ihr Bus 5 Minuten zu spät losgefahren ist. Zum Glück treten sie nicht in Konkurrenz mit mir um eine der günstigen Unterkünfte am Zielort... Immerhin überholen wir sie bald wieder, der Gegenverkehr muss aufs Bankett ausweichen.

Busbahnhof in Kandy, Sri Lanka.

Dieses Beispiel ist die Regel, nicht die Ausnahme! Noch blöder ist es, wenn das ganze am Abend passiert und die projizierte Ankunft in unmögliche Nachtzeiten fällt. Planen Sie also einfach genügend Zeit (und für den Abend eine Unterkunft) ein und nehmen Sie alles so, wie es kommt. Ein guter Reiseführer schreibt ja auch nicht, wann ein Bus exakt abfährt oder ankommt, sondern passt sich an die Gepflogenheiten des beschriebenen Landes an: Busse fahren zum Beispiel um 7:15 und 16:00 Uhr ab, Ankunft ist 4 bis 5 Stunden später. Da weiß man doch gleich, woran man ist! Und der Clou ist, dass solche Busse trotz zwei Stunden späterer Abfahrt (wie im obigen Protokoll) trotzdem nach 4 bis 5 Stunden ankommen. Honi soit qui mal y pense!

Freilich kann es passieren, dass Sie abends irgendwo ankommen und noch nicht wissen, wo Sie Ihren Kopf betten werden. Wenn das an Silvester passiert, sind Sie übrigens selbst schuld. Aber solche Probleme lösen sich immer! Auch wenn Sie noch so Low Budget unterwegs sind: Geld. Kauft. Alles. Manchmal löst es sogar Probleme. Falls Sie eine ungeplante Zusatzausgabe haben, auch wenn Sie jemanden anpumpen müssten, Sie haben immer noch Optionen, solange Sie sich frei bewegen können. Sie werden in den seltensten Fällen auf karitative Gefühle Ihrer Gastgeber angewiesen sein (und selbst die gäbe es noch als Plan F).

Plan E wäre in diesem Kontext (wenn gegen Mitternacht klar ist, dass alle Hotels voll sind), sich an einen zentralen Ort (in manchen Städten vor allem des Ostblocks meist den Bahnhofsplatz) zu begeben und dort ein fragendes Gesicht zu machen. Fast immer wird eine alte Slawin auf Sie zukommen und genau die erlösende Frage stellen (egal in welcher Sprache): ob man womöglich ein Zimmer suche? Sie werden kaum glauben, wie günstig Sie auf diese Art sehr gut schlafen werden – wenn es Ihnen nichts ausmacht, in einem Privathaus (aber sicher im eigenen Zimmer!) zu nächtigen. Dies ist sicher nicht jedermanns Vorstellung vom Reisen, aber überlegen Sie sich mal, ob Sie auf eine andere Art einen so tiefen Einblick in die Verhältnisse der Bevölkerung an grauen Stadträndern bekommen hätten. Auch wenn Sie danach nicht gezielt gesucht haben, im Nachhinein ist es immer eine der erzählenswertesten Storys, und sei es nur wegen des Plumpsklos im Schrebergarten. Wenn es mit der Kommunikation klappt, werden Sie sogar noch einiges mehr erfahren als in manchen Büchern steht. Glauben Sie mir, diese Leute können nicht nur Ihre zehn Dollar gut gebrauchen, sondern möchten wirklich auch gerne wissen, woher Sie kommen, wohin Sie gehen und warum Sie gerade in jene Stadt gefahren sind.

Indien: man liebt es oder man hasst es.

Nun wollen Sie natürlich noch die Pläne B bis D wissen, schon klar. Die sind langweilig. Wenn Plan A nicht funktioniert (Sie kommen an und checken direkt im vorgebuchten Hostel/Motel/Hotel ein), fangen Sie an zu suchen. Diese Suche ist natürlich optimierbar – gute Reiseliteratur, der sechste Sinn, ein Mobiltelefon können Stunden sparen. Ein Schlepper mit Taxi ist erstmal kein guter Ratgeber – er wird in jedem Fall mitkassieren. Aber im Fall der Fälle wird sogar er Ihnen helfen, das letzte freie Bett zu suchen. Ein Hotelangestellter, der Ihnen mitteilt, bei ihm sei alles voll, wird auf Nachfrage mindestens die benachbarten Hotels aufzählen, meistens auch gleich anrufen und fragen – Sie müssen dann nur noch hingehen. Es gibt kaum Städte auf dieser Welt, wo zu irgendeiner nächtlichen Zeit wirklich alle Hotels voll sind. Es gibt immer noch zig Alternativen, die gerade nicht in Ihrem Buch stehen. Nehmen Sie einen Nachtbus in eine andere hübsche Stadt, und wenn Sie ankommen, haben Sie wieder 12 Stunden Zeit, eine neue Unterkunft zu finden. Oder Sie bleiben in einer Bar, die die ganze Nacht geöffnet hat – womöglich treffen Sie dort ein paar richtig coole (oder auch schräge) Persönlichkeiten... Oder, wenn das nichts hilft, fahren Sie eben wieder ein paar Kilometer heraus aus der Stadt – das ist nicht optimal, wenn Sie sich so darauf gefreut haben, ab sechs Uhr früh die Innenstadt unsicher zu machen, aber immer noch besser als auf einer Parkbank vor der Kathedrale oder im Bahnhof zu übernachten. Und selbst das wäre nicht die schlechteste Option in einem Land innerhalb der Polarkreise. Ein gesunder Geist in einem gesunden Körper hält viel mehr aus als uns in unserer klimatisierten Welt weisgemacht wird. Wachen Sie eines Morgens gerädert auf, weil Sie übernachtet haben wie ein Penner, dann gönnen Sie sich gerne in der nächsten Nacht wieder ein feines Hotel oder stellen Sie fest, dass eigentlich alles gar nicht so schlimm ist. Sie haben doch Ihr Federbett zu Hause! Das ist zur körperlichen Erholung da, nicht die limitierte Zeit Ihres Urlaubs. Outsider werden Sie bemitleiden, Insider beneiden. Und Sie sind Mitglied im Club, in dem Sie umgekehrt alle Outsider dafür bemitleiden können, dass sie sich in ihrem Urlaub nur erholt haben, aber sonst gar nicht so richtig viel zu erzählen haben.

Japaner haben besser als alle anderen perfektioniert, jede freie Sekunde zum Schlafen zu verwenden. Und wie von Geisterhand geweckt, stehen sie exakt bei ihrer Haltestelle auf und steigen aus.

Transnistrien, Ukraine

„Umwege erweitern die Ortskenntnis."
Kurt Tucholsky (1890 – 1935),
dt. Journalist und Schriftsteller

Eine meiner lustigeren Touren führte mich durchs tiefste Osteuropa. Wir wollten auf die Krim, nach Jalta ans Schwarze Meer. Mit einem Freund fuhr ich von Norditalien aus mit dem Auto über Slowenien, Kroatien und Serbien zunächst tief nach Rumänien hinein. Über Rumänien könnte ich gleich seitenlang schwärmen – es war zu der Zeit zwar bereits in der EU, aber die Uhren im Land tickten zu meiner Freude noch komplett anders: Pferdekutschen, Schlaglöcher, Geisterradler, Straßendörfer, die so heißen, weil sich alles Leben auf der Straße abspielt. Lange warme Abende mit tief stehender Sonne über grünen Hügeln, alte ummauerte Städte, in denen mangels Geld auch die Zeit stehengeblieben scheint. Uralte Kirchen, die wie Burgen auf Hügeln mitten in der Landschaft stehen. Alte Frauen, die uns auf Deutsch erklären, warum sie die Zigeuner im Dorf nicht ausstehen können. Noch mehr Kirchen mit unglaublichen Wandmalereien sogar an den Außenfassaden. Großartige Burgen. Das Geburtshaus des historischen Grafen Vlad III. Dracula. Und natürlich machten wir auch den Umweg durch die weitläufige, wunderbar ostblockige Hauptstadt Bukarest. Wir marschierten um den ehemaligen Präsidentenpalast, angeblich nach dem Pentagon das größte Verwaltungsgebäude der Welt und mit einem Park, in dem der Legende nach Ceausescu das arme Wild abschoss, nachdem man ihm – den Rehen, nicht dem Diktator – Morphium verabreicht hatte, damit sie nicht so schnell wegliefen.

Straßendorf in Transsilvanien.

Wie auch immer, von dort aus fuhren wir durch die weite, flache und stickige Walachei nach Norden, um nach Moldawien ins frühere Bessarabien (was nichts mit Arabien zu tun hat) einzureisen. Moldawien, oder zu Deutsch korrekt die Republik Moldau (was seinerseits mit dem berühmten Prager Fluss natürlich auch nichts zu tun hat) ist ein armes kleines postsowjetisches Land, das überwiegend von ethnischen Rumänen bewohnt ist. Es gibt recht wenig dort, wofür es heute bei uns im Westen bekannt sein könnte. Das Hauptexportgut ist Wein. Auch die Hauptstadt Kischinau ist eine typische, dabei aber recht angenehme Oststadt mit Plattenbauten, Oberleitungsbussen und schlechten Gehwegen, aber auch sehenswerten Stalinbauten und grünen Parks mit Künstlern und Blumen- und Obstständen. Von dort war es nur noch eine recht kurze Etappe zum Subjekt dieser Geschichte, der Grenze nach Transnistrien. Transnistrien ist ein Land, das es eigentlich gar nicht gibt. Es liegt, wie der Name schon sagt, jenseits des Flusses Dnister (oder russisch Dnjestr) und wird überwiegend von Russen bewohnt. Diese nennen ihr Land gleichwohl nicht „jenseits des Dnjestr", sondern aus nahe liegenden Gründen lieber „Republik am Dnjestr". Man hat sich dort kurz nach der moldawischen Unabhängigkeit 1992 seinerseits für unabhängig erklärt, was allerdings von keinem international anerkannten Staat diplomatisch anerkannt wird. Weil man als solcher Geisterstaat aber auch nicht gerne allein ist, erkennen sich beispielsweise alle Mitglieder der postsowjetischen Gemeinschaft nichtanerkannter Staaten gegenseitig an, dazu gehören vor allem die Kaukasusenklaven Bergkarabach, Südossetien und Abchasien, von denen die letzteren (wir erinnern uns an 2008) aber schon wieder anerkannt werden, wenngleich nur von Russland, Nicaragua, Venezuela und Nauru, da Vanuatu seine Anerkennung aus Gründen, die hier wohl zu weit führen würden (um nicht zugeben zu müssen, dass ich es nicht weiß), wieder zurückgezogen hat – Diplomatie ist spannend!

Transnistrien – ein Land, das es nicht gibt.

So kamen wir unschuldig an den Schlagbaum gerollt, über uns ein Bild von einem Wappen mit allen kommunistischen Symbolen: Hammer, Sichel, ein roter Stern, Ähren und kyrillisch bedruckte wehende Fahnen in schönstem Rot. Ich bin schon an einigen Schlagbäumen vorbeigekommen, an denen die Ein- oder Durchreise mit Auto eine Frage des Geldes und der Geduld war, aber zum ersten Mal bewarb ich mich hier um den Eintritt in ein Land, das es nicht gibt. Die Grenzbeamten, eher dürftig dekoriert, suhlten sich geradezu in ihrer Macht. Sie nahmen unsere Pässe entgegen und beäugten uns kritisch. Aussteigen. Mitkommen. Zwei Beamte geleiteten uns in ein kleines Büro um die Ecke. Klar, Papierkram. Vermutlich auch wieder so eine sinnlose Zusatzhaftpflichtversicherung fürs Auto, wie früher in Serbien oder heute noch im Kosovo. Aber dann schloss einer der Grenzer von innen die Tür zu. Das war neu. Was würde als nächstes kommen?

Wir wurden verhört. Das heißt, sie versuchten es auf Russisch und Moldawisch; wir stellten uns noch dümmer als wir waren. Das Wort Transit konnten wir erkennen, ja genau, Transit wollten wir. In die Ukraine – kein befreundetes Land leider, dachten wir. Transnistrien hat wenige Freunde. Der nächste gemeinsame Nenner war das Wort Visa. How much, wollten wir wissen. Hmm, zögerte der andere und schaute noch mal aus dem Fenster auf unser einsam herumstehendes Fahrzeug. BMW? brummte er anerkennend. Dann holte er einen Taschenrechner und tippte uns die Antwort wie in einem türkischen Basar: 25 Dollar. Für jeden. Fürs Transitvisum, Verhandlungsbasis.

Ein paar Tage später. Wir waren schon längst an endlosen ukrainischen Melonenverkaufsständen zwischen Odessa und Cherson vorbeigefahren, hatten den großen Dnjepr überquert und hielten auf die Krim-Halbinsel zu. Es war ein früher Augustabend, viel zu warm, um noch mit offenem Fenster zu fahren, und ein gnadenloser Verkehr, in dem der langsamste auf der zweispurigen Piste noch 90 fuhr und trotzdem jeder jeden überholte. Wir hatten uns entsprechend angepasst mit der Ausnahme, dass wir noch Rücksicht auf den starken Gegenverkehr nahmen. Wären wir selbst zu langsam gefahren, hätten wir noch mehr in den Rückspiegel schauen und alle paar Minuten rechts auf den Dreck ausweichen müssen, um nicht Kollateralschaden zweier aufeinanderprallender Melonenlaster zu werden. Aber es floss ganz gut dahin. Ab und zu kamen wir durch eine Siedlung, meist Straßendörfer mit wenig mehr als einer Querstraße, aber doch Menschen und Tieren auf der Hauptstraße. Statt mit 110 fuhr die große Masse hier immerhin nur noch 80, und auch hier versuchten wir mit bremsbereiten 70 möglichst wenig aufzufallen.

Straßenverkauf in Melonien.

Warum der Verkehrspolizist trotzdem ausgerechnet uns mitten in einem solchen Dorf mit der Kelle herauswinkte, ist im besten Fall ungerecht, aber rückblickend natürlich auch nicht weiter verwunderlich. Wir fluchten jedenfalls und ärgerten uns vor allem über den Zeitverlust, wollten wir doch vor der Dämmerung noch nach Jalta kommen, zumal wir dort auch noch keinerlei Unterkunft gebucht hatten.

Der Offizier war älter, leicht untersetzt und sauber uniformiert. Er schaute uns freundlich durchs Fenster an, ich hatte es bereits heruntergefahren und meine Hände wie im amerikanischen Film sichtbar aufs Lenkrad gelegt. Die Pässe wollte er zuerst sehen, dazu die Papiere, die wir an der Grenze für unser Auto bekommen hatten. Dann sollte ich aussteigen. Wir gingen ein Stück zurück zu seinem kleinen alten Dienstlada. Viel geredet hatten wir noch nicht, aber er zeigte mir stolz seine Radarpistole mit dem gespeicherten Wert von 70 Stundenkilometer – klar, sagte ich auf Englisch, wir geben alles zu. Nicht nur einmal bin ich davongekommen, wenn ich mich sprachlich so blöd angestellt hatte, dass es den Polizisten selbst peinlich war, dass sie nichts anderes konnten als ihre Muttersprache. Erwähnte ich schon, dass Polizisten in keinem Land außerhalb Nordeuropas irgendeine Fremdsprache beherrschen? Dieser Polizist aber war anders. Nicht dass er plötzlich Englisch konnte. Aber er zog einen Ordner heraus mit ein paar lustigen Bildern darin und jeweils englischer und ukrainischer Beschreibung darunter. Zuerst zeigte er mir einen Polizisten und sagte stolz Police Officer. Danach zeigte er auf ein paar andere Bildchen und sah mich fragend an. Ich las ihm den jeweiligen englischen Begriff vor: Train, Hospital, Traffic Lights, Television, Mountains... er sprach mir alles nach, ich lobte ihn. Er lachte jedes Mal und wiederholte die Wörter auf Ukrainisch und Englisch. Ich tat ihm den Gefallen und versuchte, die ukrainischen Wörter nachzusprechen. Das freute ihn noch mehr, und alsbald klopfte er mir auf die Schulter. Mein Freund Peter saß immer noch 100 Meter weiter vorne im Auto und fragte sich wohl, was wir da veranstalteten. Irgendwann blätterte mein neuer Freund Andrej erneut um und zeigte auf einen Geldschein. Money, las ich vor. Money, sprach er nach und nickte, wobei er mich erwartungsvoll ansah. Klar, spätestens jetzt hätte es der Dümmste kapiert. Ich fragte noch mal sicherheitshalber: Money?, worauf er sogar Euro sagte. Ich nickte und griff nach meinem Portemonnaie. Ich wollte nicht fragen, mit wie viel mein Geschwindigkeitsvergehen bei Sofortkasse geahndet würde oder ob es einen Studentenrabatt gebe, aber ich hatte einen Zehn-, einen Zwanzig- und einen Fünfzig-Euro-Schein. Ohne ihm meine Auswahl zu zeigen, präsentierte ich ihm vorsichtshalber erstmal den Zehner. Andrej sah aber gar nicht richtig hin, er war plötzlich wieder mit meinem Pass beschäftigt. Während er ihn durchblätterte, winkte er in Richtung seines Fahrersitzes. Ich begriff: er wollte nicht bestochen werden, aber er wollte mich auch nicht offiziell abkassieren. Andrej verstand, dass ich nun verstanden hatte. Er freute sich und winkte abermals, ich solle den Schein irgendwo in seinen Fußraum fallen lassen. Als ich das geschafft hatte, klappte er meinen Pass zu, gab mir die Hand und deutete an, ich könne nun wieder weiterfahren. Ich lobte noch einmal seine englische Aussprache und verabschiedete mich von ihm wie von einem alten Freund.

Polizei in Sri Lanka.

Fazit:

- Uniformträger sind eigentlich auch Menschen
- Grenzbeamte werden nach Stunden bezahlt, und eigentlich gibt es zu viele für die zu erledigende Arbeit, nur darf das kein Vorgesetzter merken
- Es gibt Grenzen zu Ländern, die es gar nicht gibt
- Humor sollte man sich bei der Einreise verkneifen
- In Ländern, die vom Tourismus wirtschaftlich abhängig sind, dienen schwer bewaffnete Milizen allein Ihrem Schutz
- Bieten Sie von sich aus keine Bestechungsgelder an, das kann ins Auge gehen. Sie merken schon rechtzeitig, wo der Hase hinläuft

Meine persönlichen Highlights:

- Sighisoara (Schäßburg) – die Perle Siebenbürgens, und die ganze Landschaft drumherum

Machen:

- Die Moldauklöster in der rumänischen Westmoldau
- Städte, Burgen und Wehrkirchen in der atemberaubenden Landschaft von Siebenbürgen
- Holzkirchen von Maramureş
- Odessa, eine südländisch-elegante Stadt am Meer
- Jalta und diverse Schlösser an der Schwarzmeerküste

- Ornithologen müssen auf jeden Fall ins Donaudelta

Meiden:

- Nachts fahren – Esel und Schlaglöcher, Traktoren und Fahrräder sind eher selten beleuchtet
- Einen Polizisten bestechen, bevor er Sie elegant dazu auffordert
- Einem Ukrainer weismachen, die Krim sei praktisch in russischer Hand
- Einem Krimrussen erklären, die Krim sei immer noch ukrainisches Territorium
- Einem Transnistrier erzählen, sein Land gebe es gar nicht

Polizei - Dein Freund und Helfer?

„Bizarre travel plans are dancing lessons from God."
Kurt Vonnegut (1922 – 2007),
US-amerikanischer Schriftsteller

Die Carabinieri gewinnen auf Panarea jede Verfolgungsjagd.

Ein Land ganz ohne Ordnungshüter gibt es kaum, und überall haben sie gewisse Eigenschaften gemeinsam – aber in interessanten Urlaubsländern kommen zusätzliche Eigenschaften hinzu. Zuallererst ist auch jeder Uniformierte ein Mensch. Manche sind extrem hilfsbereit, haben einen guten Humor und sprechen in seltenen Fällen sogar eine dringend benötigte

Fremdsprache. In vielen Ländern gefallen sich die Ordnungshüter ganz außerordentlich, und deshalb gehört die riesige Sonnenbrille ebenso zur Uniform wie Mütze, Rangabzeichen und Schlagstock. Wer Uniform und Waffe trägt, hat eine grundsätzliche Macht Ihnen gegenüber. Sie tun gut daran, ihm diese Macht nicht streitig zu machen, auch wenn es manchmal Spaß machen würde, die Grenzen auszuloten.

Zum Libanon passende Polizeikutsche.

Grundsätzlich kann man davon ausgehen, dass Uniformträger, egal ob an Grenzen oder als Verkehrspolizei oder im Militär, ihren letzten Rest Humor an den Kleiderbügel hängen, sobald sie ihre Mütze aufsetzen. Ausnahmen bestätigen bestenfalls die Regel. Daher gilt als erste defensive Maßnahme im Umgang mit jedwedem Offiziellen: versuchen Sie nicht lustig zu sein, es sei denn, Sie sind an eine Ausnahme geraten. Versuchen Sie erst recht nicht, besonders schlau oder gar besserwisserisch zu sein – da geht's an den US-Grenzen schon los, dass Ihnen eine Extrabehandlung blüht, sobald Sie besonders witzig oder genervt sind (eine Spezialität der Deutschen). Machen Sie sich nichts vor: sobald Sie in die USA einreisen wollen, müssen Sie erst mal Ihre Unschuld beweisen! Und Ihre Fingerabdrücke hinterlassen Sie sowieso, nebst Bearbeitungsgebühr. Begeben Sie sich humorlos auf das Niveau der Beamten für Homeland Security (in dem, was sie da tun – blöde Fragen stellen – sind sie absolute Profis) und beantworten Sie so professionell wie möglich. Manche Grenzer genießen es auch sehr, wenn Sie Respekt zeigen und ein bisschen unterwürfig sind (ohne gleich verdächtig zu wirken). Aber lassen Sie dem US-Grenzschützer seinen Glauben, dass Sie sich um die Einreise ins allertollste Land der Welt bewerben.

Behördengang an der Grenze zwischen Nabia und Sambia.

Eine andere Grenzgeschichte spielte sich in Afrika ab: bei der Einreise von Namibia nach Sambia muss man sich natürlich ein Visum kaufen, welches es auch ohne Probleme gibt, sofern man die verlangten 50 Dollar (Single Entry) bzw. 80 Dollar (Double Entry) hinlegt. Lustig wird es erst, wenn man ein Auto dabei hat. Dann beginnt ein Formular-Marathon, der alle anderen mir bekannten Grenzen locker in den Schatten stellt. Im ersten „Büro“ (eher ein Lagerraum für Weinkartons) erklärt man, dass man ein Auto dabei hat und füllt den ersten Zettel aus. Damit wird man in den zweiten Raum (eher ein Lagerraum für alte Formularmappen) geschickt, um eine „kleine Gebühr“ zu bezahlen. Diese Gebühr ist höchst variabel, je nachdem, in welcher Währung man sie bezahlt. In südafrikanischen Rand war der Preis nicht mal halb so hoch wie in US-Dollar, am günstigsten waren jedoch 50.000 sambische Kwacha. Als wir aus Spaß (und weil's im Reiseführer stand) nach der Gebührenverordnung fragten, kam der Beamte leicht ins Schwitzen (nun ja, es war aber auch heiß). Er fand keine, aber natürlich bezahlten wir gerne die Eintrittskarte für unser Fahrzeug. So weit, so gut. Ach klar, fehlt noch die Third Party Insurance. Bitte in einem dritten Büro bezahlen und abstempeln lassen.

Behörde an der Grenze zwischen Namibia und Sambia.

Inklusive unserem Fahrzeugschein und Transferzettel von der Mietwagenfirma hatten wir nun alles zusammen. Dachten wir. Als wir einsteigen wollten, winkten sie uns aufgeregt hinterher und meinten, wir hätten die Road Tax noch nicht bezahlt. Hatten wir auch nicht. Also noch mal anstellen, diesmal an das Fenster eines alten Wohnwagens, aus dem heraus ich mir von einer dicken Frau ohne Uniform einen fünften abgestempelten Zettel aushändigen ließ, welchen ich mit zwanzig Dollar bezahlte. Die Geschichte wäre hier zu Ende, wenn man nicht am Ende der hypermodernen Brücke über den Sambesi, für die allein jede Road Tax gerechtfertigt wäre, das folgende Schild sehen würde:

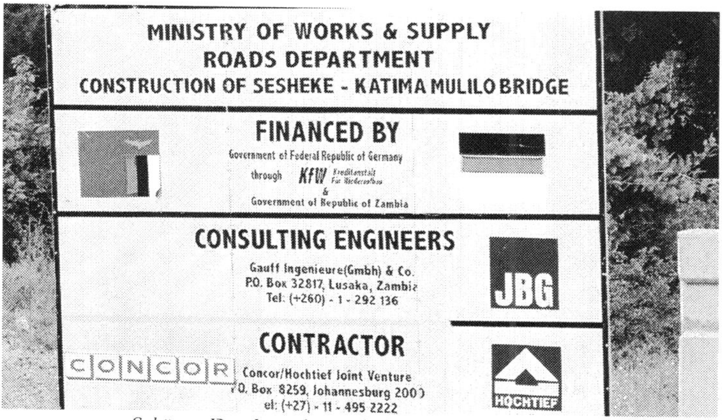

Schönen Dank auch, wir haben also bereits bezahlt!

Grenzbeamte haben eben die Macht, Daumen hoch oder auch runter zu zeigen (runter heißt im besten Fall eine Stunde länger blöde Formulare ausfüllen). Es bringt nichts beziehungsweise nur das Gegenteil, sich darüber aufzuregen – der Beamte sitzt immer am längeren Hebel! Er muss eigentlich möglichst langsam arbeiten, um überhaupt seinen Arbeitsplatz neben den tausend anderen Beamten zu rechtfertigen. Pass-Stempler in aller Welt werden nach Stunden bezahlt, nicht nach eingelassenen, ausgabefreudigen Touristen – obwohl ich mich schon seit ich denken kann frage, warum so viele Länder den Eindruck erwecken, nichts sei ihnen lästiger als Touristen. Gut, bei manchen Ländern ist es tatsächlich so – daher wird ja dem geneigten Touristen in Libyen oder Nordkorea auch mindestens ein ortskundiger Begleiter (=Bewacher) zur Seite gestellt, in anderen (auffälliger in Syrien, etwas unauffälliger in Weißrussland, England oder den USA) wird man wenigstens beschattet, was viel spannender ist für Leute, die früher gerne Spionageromane gelesen haben.

Dann haben wir in zahlreichen Ländern schwer bewaffnete Aufpasser, oft neben und in Bankgebäuden, manchmal auch neben touristischen Highlights. Ich habe viele Touristen getroffen, die deren Anwesenheit beunruhigend fanden, aber ganz ehrlich: die Kameraden befolgen keinen eigenen Willen, sondern Befehle von oben, und die heißen, eine Bank zu beschützen oder den Hatschepsut-Tempel, damit Sie als Tourist in Frieden Ihr Geld abheben oder Ihre Fotos schießen können. Nehmen Sie sie zur Kenntnis und freuen Sie sich darüber, dass Sie bei 45 Grad nicht mit Springerstiefeln und Uniform in der Sonne stehen müssen, aber ignorieren Sie sie ansonsten – besser keine Fotos aus nächster Nähe, das geht nur bei den britischen Beefeaters.

Die nächste Gruppe Uniformierte, mit denen Sie noch am ehesten zu tun haben dürften, sind Verkehrspolizisten. Da gibt es riesige Unterschiede von Land zu Land. Benutzen Sie bei jedem Kontakt Ihren gesunden Menschenverstand, welches Verhalten zum optimalen Ziel führt, aber beginnen Sie eine Konfrontation zunächst abwartend und zurückhaltend. Wenn Sie überzeugt sind, dass Sie nichts verbrochen haben, dann sagen Sie das auch. Meist werden Sie es aber ganz genau wissen – Parken im absoluten Halteverbot oder mit hundert durch die Ortschaft geschehen selten aus Versehen. Als erstes können Sie sich etwas dumm stellen – das geht besonders einfach in Ländern, deren Sprache man bei Ihnen beim besten Willen nicht voraussetzen kann. In der Ukraine bin ich in zwei von drei Fällen damit durchgekommen, dass es dem Polizisten selbst unangenehm war, Englisch (oder etwas anderes als Ukrainisch) sprechen zu müssen. Der dritte war dann der mit dem Bilderbuch.

Ach, ist diese Grenzstation bereits geschlossen?

Letztendlich gibt es die gestressten Ordnungshüter der großen Städte mit ihren Trillerpfeifen und hektischen Gesten. Konfrontieren Sie die nicht mit anderen Problemen, indem Sie sich anders verhalten als die Einheimischen.

Der Ratschlag, es den Bewohnern gleichzutun, gilt ohnehin praktisch überall. Ich fühle mich jedenfalls in jeder Hinsicht sehr sicher, wenn ich die Menschen auf der Straße nachahme, nur wieder eine Spur zurückhaltender – es kann ja immer sein, dass Sie als reicher und gleichzeitig auffälliger Tourist selektiv herausgepickt werden. Aber wo alle bei roter Ampel über die Straße laufen, kann ich es auch tun.

Wenn plötzlich alle Autos in einem bestimmten Dorf auffallend langsam fahren, könnte es daran liegen, dass sie den festen Blitzer eben schon kennen – das ist in aller Welt so, genau wie das universelle Aufblenden als Warnung vor mobilen Geschwindigkeitskontrollen.

Wie schon mehrfach gesagt: Jedes Land hat einen sehr eigenen Charakter, auch was Ordnung und deren Sicherstellung angeht. In Peking dürfen Sie nicht einmal Ihr Fahrrad auf dem Gehweg abstellen, ohne dass ein Uniformierter Ihnen klar macht, dass der gebührenpflichtige Fahrradparkplatz hundert Meter weiter ist. Fahren Sie in der Schweiz 10 Kilometer zu schnell, zahlen Sie bereits ein kleines Vermögen, fahren Sie in Marokko 30 Kilometer zu schnell, werden Sie von jedem überholt. Alles ist relativ. Machen Sie es in jeder Hinsicht wie die Ortskundigen, so sind Sie auf der sicheren Seite.

Birma

„People travel to faraway places to watch,
in fascination, the kind of people they ignore at home."
Dagobert D. Runes (1902 – 1982),
US-amerikanischer Philosoph und Autor

Ich schaue auf die Uhr und betrete die Straße. Viertel vor neun, die Sonne steht hoch, der Verkehr hat zugenommen. Die Stadt ist bereits seit Stunden wach.

Ich auch. Ich bin am frühen Morgen in Yangon gelandet. Schon vor der Landung sah ich durch das kleine Fenster des Flugzeuges, dass hier vieles anders sein würde: die Reis- und Gemüsefelder waren kleine, ja, winzige Parzellen. Und sie waren bunter als um Bangkok herum. Die Straßen schienen schmaler und aus trockener Erde, keinerlei Highways, dafür auch viel weniger Verkehr. Ich fuhr mit einem Taxi, das sich mit thailändischen Baht bezahlen ließ, vom Flughafen ins Zentrum. Meine Verwunderung ließ nicht nach: ich lernte eine ungewohnt langsame, unaufgeregte Stadt kennen. Es war der ruhende Gegenpol zum atemlosen Rhythmus, der mich in Bangkok inzwischen fasziniert. Eine andere Welt. Hauptstädte in Asien konnten doch unmöglich so ruhig sein!

Mein Taxifahrer war ein älterer Herr und mit dem traditionellen Longyi bekleidet, einer Art Wickelrock für Männer. Er brachte mir allein mit Gesten unaufgefordert die ersten paar Begriffe Burmesisch bei: *Mingalaba* für die Begrüßung, *Chay-su* für Danke, *Yabadeh* für Bitte sehr.

Währenddessen rollten wir im höchsten Gang durch breite Alleen. Wahrscheinlich ist Benzin hier so teuer, dass sich die Erkenntnis verbreitet hat, dass man durch frühes Hochschalten ein paar Tropfen Kraftstoff sparen könne. Oder ist es bei drakonischer Strafe verboten, schnell oder laut Auto zu fahren? Ich weiß es zu diesem Zeitpunkt noch nicht, ich habe mir vorher keine Vorstellung davon gemacht, wie es sein würde, in eine ausgewachsene Militärdiktatur einzureisen. Ich hatte nur die beschwörende Formel eines guten Freundes in den Ohren, eines weit gereisten Menschen, dessen Meinung als Globetrotter ich sehr schätze. Ich hatte ihn daheim gefragt, was ich machen könne, wenn ich in Thailand zwei Wochen totschlagen müsse. Eine rhetorische Frage, da es für mich kein schöneres Problem gibt, als in einem fremden Land Zeit verbringen zu müssen!

Ein paar Nebentempel des Nationalheiligtums Shwedagon Paya.

„Yangon", hatte er gesagt, und noch einmal mit Nachdruck: „Fahr nach Yangon!"

Der Taxifahrer hielt gelassen dreißig Meter vor jeder roten Ampel. Spart auch das Benzin? Oder ist es von der Junta verboten, jeden Millimeter Straße auszunutzen? Oder hat der Fahrer mit mir bereits das Geld eines ganzen Tages verdient? Oder ist es einfach eine verloren geglaubte Ruhe, die im Einklang mit der Lebensphilosophie steht? Wie auch immer, es gefiel mir, es war ansteckend. Ich hatte mich bereits vor der Ankunft im Hotel in das Land verliebt.

Frisch geduscht und mit leichtem Tagesgepäck locker über der Schulter beginne ich nun, diese Stadt zu erkunden. Neugierig, aber schüchtern, respektvoll und mit geschärften Sinnen. „Ein paar Tage", hatte ich dem freundlichen Mann im Hotel gesagt, „No problem" war die schöne Antwort. Zahlen durfte ich sofort. Auf diese Art tauschte ich auch gleich eine Handvoll Dollar in filzige Kyat um. Und mit den Häkchen auf meiner Liste der zu erledigenden Dinge kann ich mich nun voll und ganz auf die Stadt konzentrieren.

Ein ganzer heißer Dezembertag liegt vor mir, bei strahlendem Sonnenschein und blauem Himmel. Weit und breit keine anderen Touristen, aber viele Einheimische auf der Straße. Ein paar britische Kolonialbauten, darunter mein kleines altes Hotel mit den winzigen Zimmern. Dann, inmitten eines gigantischen Kreisverkehrs, die goldenen Spitzen einer Pagode, Sule Paya, das wichtigste Heiligtum im Zentrum. Das würde ich mir als erstes anschauen, aber nach dem Frühstück. Es hatte zwar in Bangkok schon etwas zu essen gegeben, dazu Kaffee und den symbolischen Keks im Flugzeug, aber mir steht jetzt der Sinn nach einem richtigen Frühstück. Hinsetzen. Ein Buch aufschlagen und zum ersten Mal die Kulisse vor den eigenen Augen in Überdeckung bringen mit dem abstrakten Stadtplan, den ich vorige Woche studiert hatte.

Serviert wird englisches Frühstück, aus der Zeit, als das Land noch Birma hieß, seine Hauptstadt Rangoon und der große Strom Irrawaddy. Nun, Porridge und Rührei sind frisch zubereitet, der Instantkaffee köstlich. Ich sitze in einem winzigen Raum, fast allein, draußen spielt sich das große, sanfte Theater ab, das Leben heißt. Mönche gehen vorbei, eine Frau in die entgegengesetzte Richtung, eine zwei Meter breite Teppichrolle auf dem Kopf balancierend. Auf der anderen Straßenseite verkauft ein fliegender Händler unter einem bunten Sonnenschirm fetttriefendes Gebäck. Uralte japanische Autos fahren vorbei, so langsam und leise, dass man sie kaum wahrnimmt. Sie haben die gleiche Farbe wie die Fassaden, nämlich fast keine mehr. Schmutziges Weiß, gelblich-braunes Ocker, etwas gräuliches Türkis, das sind die Farben Yangons. Ein bisschen Beton, ein paar indisch angehauchte Bögen haben sich dazwischen gemischt. Nur die Mönche sind purpurrot gekleidet beziehungsweise rosa die Nonnen, und sie sind allgegenwärtig. Schwarze Stromkabel hängen bündelweise über den Straßen, chaotisch wie eigentlich überall außerhalb Europas. Männer in braunen oder karierten Longyis unterhalten sich, andere spielen chinesisches Schach oder eine Art Backgammon. Nichts ist laut, nicht einmal die Motorräder. Ein weißer Bus hält, Menschen steigen aus. Der nächste Bus ist kein Bus, sondern ein Lastwagen mit Sitzbänken auf der Ladefläche. Über jedem Geschäft hängen mindestens zwei Schilder, die in einer runderen, ornamentaleren Schrift als Thai erklären, was es zu kaufen gibt oder vor zwanzig Jahren zu kaufen gab. Ein paar lateinische Buchstaben gibt es auch zu sehen, sie bilden Wörter wie Kodak oder Market. Arabische Kalligraphie ziert eine benachbarte Moschee. Ein hübscher kleiner Stadtpark lädt zum Verweilen ein.

Später am Tag werde ich mir die größte, heiligste und wertvollste Pagode des ganzen Landes, vielleicht sogar der ganzen Welt anschauen. Danach einen halbstündigen Fußmarsch unter vielen Bäumen bergauf nach Norden spazieren, und ab dann gar nicht mehr auf die Uhr schauen. Am nächsten Tag werde ich mir die gleiche Shwedagon Paya vielleicht noch einmal anschauen, wieder ohne Schuhe, schon zum Sonnenaufgang. Ich werde natürlich einen anderen Weg gehen als heute und an einem konfuzianischen Tempel vorbeikommen. Natürlich möchte ich runter zum Fluss.

Und später in der Woche werde ich einen Bus nach Norden nehmen, nach Mandalay und zu den anderen Königsstädten. Von dort nach Bagan, von dem ich zu dem Zeitpunkt noch gar nicht weiß, was für ein magischer Ort es ist. Und am

Ende der viel zu kurzen zwei Wochen werde ich zurückkehren nach Yangon und das Gefühl haben heimzukommen.

Shwedagon bei Nacht.

Der Tag gehört mir. Die Stadt liegt vor mir. Die Sonne scheint aus wolkenlosem Himmel. Es riecht überall nach Essen. Es gibt nichts Wichtiges zu entscheiden bis übermorgen, außer, wann und wo ich die nächste Mahlzeit einnehme, wo ich mich hinsetzen soll, um das Leben zu beobachten. Ich habe zwei gesunde Füße, zwei sehende Augen und tausend Möglichkeiten. Ich bin der glücklichste und privilegierteste Mensch der Welt, ich möchte mit niemandem tauschen. Während ich die Treppen hinaufsteige zum Eingang der Sule Paya, muss ich laut lachen vor Glück.

Birma, Tibet, Iran, Nordkorea? Kann man da überhaupt hin? Soll man oder soll man nicht? Wollen Sie? Entscheiden Sie sich für ein Reiseziel, gehört in jedem Fall eine ausführliche, aktuelle Information dazu. Wenn man sich gut informiert, wird man feststellen, dass es zu vielen Ländern extrem geteilte Meinungen gibt.

Ein Touristenboykott mag zwar Aufmerksamkeit erregen, was für sich betrachtet (politisch) erwünscht sein kann. Aber er schadet der Opposition oft mehr als der ungeliebten Regierung. Wenn kein freier Mensch mehr solche Länder betreten darf, dringen auch keine Berichte, Erzählungen und fotografischen Zeugnisse mehr in die Weltöffentlichkeit – die Willkür von Polizei und Militär wird dadurch eher gefördert.

Am Beispiel Birma ist dies offensichtlich: Die bis vor kurzem unter Hausarrest stehende Oppositionsführerin und Friedensnobelpreisträgerin Aung San Suu Kyi hat sich jahrelang für einen absoluten Boykott internationaler Touristen gegenüber ihrer unterdrückten Heimat ausgesprochen. Manche Reiseführerverlage nehmen dies zum Anlass, konsequent ein Angebot für dieses Land abzulehnen. Andere argumentieren hingegen, dass es mit Hilfe der in diesen Reiseführern angegebenen Tipps durchaus möglich ist, staatliche Hotels, Flug- oder Busgesellschaften zu vermeiden und einen Großteil seines Geldes dem Volk zukommen zu lassen. Der Boykott schadet den Generälen in keiner Weise, weil sie ohnehin an einer Entwicklung des Tourismus kaum interessiert sind und den Kontakt der unterdrückten Minderheiten mit westlichen Reisenden vermeiden wollen. Solange sie ihre Geschäfte mit China und Singapur machen, werden sie einen Boykott aufgeklärter Touristen mit großer Gelassenheit tolerieren.

Wenn Sie sich für eine Tour durch Birma entscheiden, müssen Sie sich tagesaktuell informieren: ein drei Jahre alter Reiseführer ist unbrauchbar für so eine Reise – der Redaktionsschluss ist dann schnell vier Jahre her, und in dieser Zeit ist viel passiert: zuerst die beinahe komplett verdeckte Betroffenheit der burmesischen Küste beim Tsunami im Dezember 2004 – die Regierung hatte internationalen Hilfskräften die Einreise verweigert – später die Proteste der Mönche 2007 und der Tropensturm 2008: Schätzungen gehen von bis zu 100.000 Toten aus, und wieder durften keine Helfer ins Land.

Jedes Mal wurde die Einreise für Touristen aus freien Ländern allen, außer dem großen und dem kleinen Schutzpatron China und Singapur, erschwert. Aber unmöglich war die Einreise nie, es sei denn, man hat – aus Spaß oder wahrheitsgemäß – als Beruf Journalist auf den Visumantrag geschrieben.

Es gibt genügend Budddhas für jeden.

Doch wenn man sich die Mühe macht, mit einem guten Buch in der Hand durch das Land zu fahren, dann täuscht der Eindruck nicht im Geringsten, dass man dem Volk Gutes tut. Sowohl durch die Devisen als auch durch die reine Interaktion mit den Menschen. Selten wurde ich so häufig von wirklich interessierten Menschen angesprochen (unter anderem auch von einem Mönch), die sich selbst Englisch beigebracht hatten, weil Fremdsprachenkenntnisse von der Regierung bis dato nicht erwünscht waren. Menschen, die den Tag mit mir verbringen wollten, die von ihrem Leben erzählten, nach einiger Zeit auch unaufgefordert von der politischen Situation, mit der sie nicht so richtig zufrieden sind. Sie wollten alle kein Geld, sondern baten mich, dass ich zu Hause von ihrem vergessenen Land erzähle.

Und ich darf ergänzen, dass ich von kaum einem Land lieber erzähle als von Birma, das heute Myanmar heißt. Den neuen Namen bekam das Land wie auch die ehemalige Hauptstadt, weil die Militärregierung in einer PR-Kampagne 1989 erklärte, die Namen Birma und Rangun seien Relikte aus der britischen Kolonialzeit. Das Staatsoberhaupt schmückt sich mit der wohlklingenden Berufsbezeichnung Vorsitzender des Staatsrates für Frieden und Entwicklung.

Des Weiteren sind Sie in einem Land wie Birma ein echter Individualtourist: gerade mal 700.000 Reisende im Jahr verirren sich in dieses Land – nach Frankreich kommen hundertmal mehr. Die grenzenlose Friedfertigkeit und Aufgeschlossenheit der Bewohner Fremden gegenüber tut ein Übriges; ich habe jedenfalls Birma einer Anzahl guter Freunde empfohlen, und alle kamen begeistert zurück. Das gefährlichste, was mir hätte passieren können, wären wieder einmal die Unwägbarkeiten des Straßenverkehrs gewesen, aber nicht mal das ist wirklich gefährlich bei den niedrigen Tempi, die selbst Taxis dort vorlegen...

Bagan

Noch ein sehr nettes Geschichtchen muss ich von Bagan erzählen, einem der verzaubertsten Orte der Welt. Über zweitausend Sakralbauten erstrecken sich hier am Ufer des trägen Irrawaddy, fast alle können noch – barfuß natürlich – betreten werden. Das Areal ist riesig, man kann hier gut und gerne zwei volle Tage verbringen und hat doch nur einen Bruchteil der wichtigsten Tempel besucht, aber die Stimmung lebt vom mystischen Gesamtensemble. Immer wieder steht man oben auf einer Plattform und blickt über ein Meer von ziegelroten Pagodenspitzen. Das Fahrrad, das ich mir am frühen Morgen gemietet hatte, war schon mittags hinten platt, aber ich konnte nicht anders als mich trotz gnadenloser Hitze weiter durch Trampelpfade und Feldwege zu kämpfen. An wenigen Stellen gab es Getränke zu kaufen und Eis, sodass der Schweißstrom niemals versiegen konnte, aber wollte ich wollte gleich weiter durch diesen Zaubergarten. Es war auch nicht viel los, natürlich war ich nicht der einzige Tourist, aber ich hatte immer wieder eine Ruine für mich ganz allein. Nur einmal kam ein Konvoi mit zwölf Limousinen über die einzige asphaltierte Straße gefahren, eingerahmt von Polizei – vermutlich eine

Delegation der herrschenden Generäle mit irgendeinem wohlgesonnenen Staatsgast (jeder noch so undemokratische Staat hat immer noch ein paar undemokratische Freunde).

Meine zwei Tempelguides – „And this is the Buddha eating."

Vor einem mittelgroßen Tempel weit abseits des Zentrums mit der alten Stadtmauer traf ich auf zwei kleine Mädchen, die anboten, mir die uralten Fresken im Inneren zu zeigen. Sie waren vielleicht Schwestern, etwa sieben und zwölf Jahre alt und mit der landestypischen Tanaka-Paste eingerieben, die das Gesicht vor Sonne und Hitze schützt. Die beiden führten mich in einen sehr dunklen Innenraum, und die ältere begann zu erklären, was sie mir mit der Taschenlampe zeigte. Es waren verschiedene Szenen aus dem Leben des Siddhartha Gautama, entstanden irgendwann ums 11. oder 12. Jahrhundert. Jedes Bild wurde kurz und bündig auf den Punkt gebracht, zuerst von der großen Schwester, und anschließend von der Kleinen wiederholt, wie ein Echo. Das ging dann ungefähr so: „This is the Buddha sitting“ – „Buddha sitting!“, „And this is the Buddha eating” – “Buddha eating!”, “And this is the Buddha sleeping” – “Buddha sleeping!”, bis wir langsam im Uhrzeigersinn um den dunklen Raum herumgelaufen waren. „And this is the Buddha dying“ – „Buddha dying!“, schlossen die beiden korrekterweise, als wir beim liegenden, selig lächelnden Buddha angekommen waren.

Inzwischen liest man ganz wundersame Dinge über Birma: man spricht mit der Opposition, die Chinesen sollen nun doch nicht alle Bodenschätze und Wasserkraftwerke für sich beanspruchen dürfen, in der Hauptstadt entsteht internationales Business. Und wieder wäre selbst der neueste Reiseführer nicht mehr ganz aktuell. Das könnte natürlich alles sehr begrüßenswert für das Volk sein, für Sie bedeute es aber: Nichts wie hin, bevor der Zauber den Massen geopfert wird!

Fazit:

- Birma ist eins der schönsten und interessantesten Länder der Welt, aber man empfiehlt es nur ganz guten Freunden, die es wirklich zu schätzen wissen

- Die Uhren ticken nicht halb so hektisch wie in allen Nachbarländern
- Man bekommt zwangsläufig ein völlig neues Verhältnis zum Barfußlaufen
- Die jahrzehntelange Unterdrückung könnte sich gerade etwas entspannen, aber gleichzeitig droht damit ein Teil des Zaubers dem kommerziellen Tourismus zum Opfer zu fallen

Mein persönliches Highlight:

- Bagan und seine Tempelruinen am Irawadi-Fluss

Machen:

- Yangon: nicht nur Shwedagon Pagode (aber die jeweils zum Sonnenaufgang und Sonnenuntergang)
- Mandalay und die anderen alten Königsstädte in der Umgebung
- Street Food probieren

Meiden:

- Dem Regime durch Unwissenheit Geld in den Rachen schieben
- Aus dem touristischen Dreieck ausbrechen und versehentlich ins Kriegsgebiet marschieren

Budget – Verzicht ist der wahre Luxus!

„Als deutscher Tourist im Ausland steht man vor der Frage ob man sich anständig benehmen muss oder ob schon deutsche Touristen da gewesen sind."
Kurt Tucholsky (1890 – 1935),
dt. Journalist und Schriftsteller

Man kann von verschiedenen Seiten zu dieser Ansicht gelangen. Viele junge Menschen in der Ausbildung sind einfach neugierig. Weil das Budget aber noch zu knapp ist, fahren sie mit Interrail durch Europa. Das ist gut: Denn diese erzwungene Verzichtserklärung rückt bereits ein paar Schalter in die richtige Position: man kann reisen und viel erleben, wenn man nur ein paar Kompromisse eingeht. Später leistet man sich vielleicht seine erste selbst bezahlte Flugreise, muss dann aber im Urlaubsland Abstriche machen – den Flugpreis kann man schließlich kaum beeinflussen, die wöchentlichen Reisekosten hingegen schon. Und was lernt man dabei: dass man eine wunderbare Zeit in den *Dormitories* dieser Welt haben kann (vorausgesetzt, man hat seine Ohrstöpsel dabei).

Verzicht ist der wahre Luxus – das Glas Rotwein aus dem Pappbecher am Strand schmeckt mindestens genauso gut, wenn Sie es sich durch ein paar Strapazen verdient haben. Sie brauchen nicht ins Bodenlose zu sinken, Sie müssen auch nicht im Slum leben, sondern sollen sich nur bewusst ab und zu fallen lassen und die Augen aufmachen, um Ihre Perspektive neu zu kalibrieren, dass alles Glück der Welt relativ ist. Wenn Sie diese Erkenntnis gewonnen haben, müssen Sie auch gar nicht mehr zwanghaft Interrail fahren oder in *Dorms* schlafen, dann darf es aufwärts gehen. Es darf immer leicht aufwärts gehen, man darf und soll sich immer auch belohnen, entscheidend ist, dass Sie die neue Perspektive im Auge behalten. Freiwillige Strapazen helfen, kleine Annehmlichkeiten höher einzuschätzen.

Malawi Bus Stop.

Diese Strapazen können ein Nachtbus sein (spart bei knappem Budget nebenbei eine Übernachtung) oder öffentliche Verkehrsmittel im Allgemeinen, richtig früh aufstehen, kleine Hotels mit eierndem Deckenventilator und kalten Duschen neben dem Hockklo im Gang, Streetfood (ist in vielen Ländern sowieso das Beste, was man bekommen kann), aber auch schlechte Luft (die leider viele Top-Destinationen umgibt), Hitze, Regen, Lärm, Gestank oder Armut... alles hilft, die eigene Perspektive, die eigene Existenz und die Heimat zurechtzurücken. Sogar Sauberkeit ist relativ – ich verstehe bestens, wenn man einen gewissen Mindestanspruch an

Hygiene hat, aber wenn der mal nicht vollständig erfüllt wird, wird man nicht gleich daran zugrunde gehen. Selbst die kleinen und größeren Tierchen, mit denen man manches Hotelzimmerchen teilt, haben in Wahrheit mehr Angst vor Ihnen als umgekehrt. Das einzige, bei dem ich keine größeren Kompromisse empfehle, ist tatsächlich die Sicherheit. Wenn im Reiseführer zwei ansonsten vergleichbare Unterkünfte stehen, wähle ich vermutlich die etwas entspanntere. Die einschlägigen Hostel-Vermittlungsseiten im Internet haben inzwischen häufig belastbare Bewertungen hinsichtlich Sicherheit, Lage, Sauberkeit, Freundlichkeit und Spaß – jeder wird hier persönliche Prioritäten setzen, aber zumindest weiß man heute dank der Bewertungen (Freitexte lesen!) schon viel besser als je zuvor, ob die fünf Sterne in der Kategorie „Spaß“ implizieren, dass man nachts kein Auge zumachen kann...

Niemand ist dafür verantwortlich zu machen, wo er geboren wurde. Aber jeder ist durchaus selbst dafür verantwortlich, was er daraus macht. Ob er mit allem materiellen Reichtum, in den er hineingeboren wurde, bewusst und sorgfältig umgeht. Ob er sich der Norm anpasst, die vorgibt, was er zu tun und zu lassen hat, wie er arbeitet und wie er Urlaub macht. Wollen Sie zu den vielen unzufriedenen Zeitgenossen gehören, die größtenteils gar nicht wissen, warum sie so unzufrieden sind. Weil sie auch noch nie darüber nachgedacht haben, dass sie arbeiten und leben und sogar Urlaub machen wie Roboter, obwohl wir in einer Gesellschaft mit den formal größten Freiheiten leben, die es in der Menschheitsgeschichte je gegeben hat. Manche öffnen ihre Augen noch nicht einmal, wenn sie ihren Urlaub in den Ländern verbringen, wo man den Unterschied sieht, hört, riecht und fühlt, obwohl ein Blinder erkennen müsste, wie privilegiert wir sind.

Wer das versteht, der wird sich nicht mehr leichtfertig schon am zweiten Tag des Urlaubs darüber beschweren, dass die indonesische Putzfrau auf Bali kein Deutsch kann und dass er sowieso schon den Horror vor dem Heimkommen hat. Diese Landsleute gibt es leider zu oft. Da fragt man sich doch: wenn das Heimkommen und Arbeiten in Westeuropa so schlimm ist, dann müsste ich doch froh darüber sein, dass ich nicht auch noch von der indonesischen Putzfrau daran erinnert werde, wie in meiner Muttersprache genörgelt wird. Andererseits würde man dann auch verblüfft feststellen, dass ebendiese indonesische Putzfrau gar keinen Grund zum Nörgeln zu haben scheint und einen ziemlich glücklichen Eindruck macht. Unerhört!

Okawango Delta per Mokoro entdecken.

Ein knappes Budget ist, solange man es noch Budget nennen kann, ganz sicher kein Hinderungsgrund für eine erfüllende Individualreise. Im Gegenteil ist ein knappes Budget oft sogar der *Enabler* für den angestrebten Perspektivwechsel, das heißt man wird praktisch zu seinem Glück gezwungen. Sie begeben sich innerhalb der Bedürfnispyramide bewusst nach unten, um Ihre Sinne freizumachen für das Erleben der sonst selbstverständlich erscheinenden Annehmlichkeiten des Lebens. Und das gekoppelt mit Eindrücken, die nur ein fremdes Land, eine fremde Kultur so überwältigend bieten kann.

Es ist auf jeden Fall hilfreich, wenn man sich vergegenwärtigt, wie privilegiert man in Mitteleuropa schon allein dann ist, sobald man sich überhaupt mit dem Thema Reisen beschäftigt. Die Mehrheit der Menschen in Ländern, in denen Ihre Reise ein Schnäppchen ist, ist meist grundsätzlich so arm, dass deren durchschnittliche Bewohner nicht mal im Traum daran denken dürfen, umgekehrt auch nur einmal im Leben nach Deutschland zu reisen. Darum ist Ihr Urlaub dort auch so preisgünstig! Je nach Region werden Bettler und himmelschreiende Armut Sie zuverlässig an diese Tatsache erinnern, obwohl sämtliche Veranstalter Ihnen diese Begegnungen tunlichst vorenthalten wollen, der Hygiene wegen. Ein Deutscher will anscheinend keine Armut in Entwicklungsländern sehen, sonst kann er sich womöglich selbst nicht mehr arm fühlen.

Wenn Sie nun individuell dahin gehen, wo Armut weh tut, vergessen Sie bei allem Verzicht nicht, dass auf Ihrer Stirn trotzdem mit großen Buchstaben „REICH“ geschrieben steht. Niemand ist dafür verantwortlich, wo er das Glück hatte geboren zu sein, aber wer aus einem *Land of Plenty* kommt, sollte sich seiner Privilegiertheit bewusst sein, spätestens wenn man den materiell Minderprivilegierten gegenübersteht.

Viele junge Menschen beginnen ihre „Reisekarriere“ aus reinen Budgetgründen mit einem Interrailticket, einem uralten VW-Bus plus Zelt oder per Anhalter und Couchsurfing, verpflegen sich aus Supermarktregalen statt essen zu gehen. Man findet unzählige Blogs von Extrem-Globetrottern, die sich damit brüsten, mit zehn Dollar durch den Tag oder mit einem Dollar um die Welt zu kommen und noch nie für irgendeinen Transport von A nach B bezahlt haben. Man kann es zum Kult erheben, jede Nacht zwischen London und Glasgow hin- und herzufahren und so praktisch jede Übernachtung mit seinem Interrail zu erschlagen und sein Budget stattdessen auf Tagestouren und schlechte Ernährung zu konzentrieren.

Wer das nicht will, muss sich auf dieses Niveau auch nicht begeben. Wenn man einen gewissen Standard definiert, den man sich mindestens gönnen will, beispielsweise ein En Suite-Doppelzimmer und wenigstens ein vernünftiges Abendessen, ist es immer noch in zig Ländern gut möglich, günstiger zu reisen als zu Hause auch nur den Alltag zu bestreiten.

Pendlerzug in Bombay (offiziell: Mumbai, aber so sagt keiner).

Sie können natürlich auch beliebig viel Geld ausgeben und trotzdem den erstrebten Perspektivwechsel erleben. Nach oben gibt's keine Grenze, solange Sie immer noch individuell planen und Ihre Augen aufmachen. In den ursprünglich als erdige Backpackerfibeln gestarteten Lonely Planets dieser Welt sind seit geraumer Zeit auch schon absolute High End-Hotels aufgelistet, in denen eine Nacht so viel kostet wie ein vierwöchiger Urlaub für den klassischen Rucksacktouristen.

Pendlerzug in Nagoya.

Und natürlich ist alles wie immer relativ: in den vermeintlich teuersten Ländern kommt man überraschend weit, wenn man ein Auge auf deren Währungswechselkurse und auf die Reisezeit wirft. Hauptsaisons vermeiden hilft beinahe in jedem Land, solange ein paar Unterkünfte noch geöffnet sind (und das sind sie immer, solange noch der gelegentliche Wanderer vorbeikommt). Zwischen dem niedrigsten Euro-Dollar-Umtauschkurs in 2000 und dem höchsten in 2008 lagen schlappe 100%. Ein Land wie Japan gilt unter Graswurzel-

Backpackern als finanziell unerreichbar, ist es aber eigentlich nicht – wenn man Glück mit dem Yen hat (die momentane Abwertung durch die neue Regierung Abe beginnt für Traveller langsam interessant zu werden!) und die durchaus vorhandene Infrastruktur für Low-Budget-Reisende ausnutzt. Etwas Glück gehört immer dazu, da man ja häufig den Flug schon ein paar Monate vor der Reise gebucht hat. Das alles ist toll für Zocker – leider weiß man ja die künftigen Wechselkurse nicht, aber wer, wie so viele heutzutage, mit Aktien oder Fonds hantiert, kann auch gleich seine Urlaubsplanung nach Renditekriterien ausrichten.

Der Preis pro Woche (PPW) richtet sich in jedem Land der Welt nach dem allgemeinen Preisgefüge für Individualtouristen und dem übergeordneten Währungswechselkurs. Das allgemeine Preisgefüge ist seinerseits eine stark variable Funktion aus Reisezeit (Haupt- vs. Nebensaison), Fortbewegungsart („Öfis" vs. Mietauto) und natürlich den eigenen Ansprüchen (Bunkbed vs. Fünfsternehotel). Hinzu kommen noch die touristische Attraktivität (Paraguay vs. Mauritius) sowie Entscheidungen der Politik, die aus manchen Ländern die Backpacker heraushalten wollen und sich auf „Premium-Urlauber" konzentrieren (neben Malediven oder Tahiti überraschenderweise auch so arme Länder wie Botswana, Bhutan oder Kuba). Es ist allerdings ganz reizvoll, als Backpacker in solche Länder „einzudringen" und trotzdem eine gute Zeit zu haben. Man muss sich nur darauf einstellen (Information!), dass man sich außer dem Campingplatz keine Unterkunft leisten und auch nicht jedes touristische Highlight wahrnehmen will. Ich hatte beispielsweise ein paar sagenhafte Zwischenstopps in der Südsee, ohne einen Koffer hinter mir herzuziehen.

Nicht zuletzt lernt man nebenbei die Zusammenhänge zwischen Lebensstandard, Gehaltsgefüge und Kaufkraft kennen. Einem Deutschen erscheinen Norwegen, die Schweiz oder Japan absurd teuer, obwohl der Lebensstandard in Japan bei genauerem Hinsehen noch nicht mal so wahnsinnig hoch erscheint. Was ich sagen will: Sie können fast überall hin, wenn Sie einen Reisepass und eine gewisse Bescheidenheit und Aufgeschlossenheit haben. Wie geht's dagegen dem durchschnittlichen Viehtreiber aus Burundi, wenn seine sieben Kinder ihm vorschlagen: komm, wir machen eine Interrailtour durch Europa? Eben.

Nachtbus nach Tbilisi (Georgien).

Für uns ist alles relativ: in den vermeintlich teuersten Ländern kommt man überraschend weit, wenn man ein Auge auf deren Währungswechselkurse und auf die Reisezeit wirft. Hauptsaisons vermeiden hilft beinahe in jedem Land, solange ein paar Unterkünfte noch geöffnet sind (und das sind sie immer, solange noch der gelegentliche Wanderer vorbeikommt). Viele Länder koppeln Ihre Währung an eine ausgesuchte Leitwährung, manche benutzen gleich 1:1 den US-Dollar (Ecuador, Panama, El Salvador, Osttimor, Simbabwe...) oder Euro (Montenegro, Kosovo...). Man kann immer noch behaupten, dass zahlreiche hübsche Reiseziele und allgemein Flüge günstiger werden, wenn der US-Dollar gerade tendenziell schwächer gegenüber der Heimatwährung des Reisenden wird. Währungskrieg mit China wegen des künstlich schwachen Renminbi? Schlecht für unsere Exporte, gut für Sie als Chinareisenden! Viel zu starker Yen? Katastrophal für Japans Exportindustrie, ganz schlecht auch für Sie in Japan. Argentinien nach 2003? 1000 Kilometer Reisebus für 10 Dollar inklusive Packung Chips, gegrilltes Rinderfilet für noch weniger. Island am Abgrund, die Währung um zwei Drittel entwertet? Nichts wie hin, bevor die touristische Infrastruktur sich an die neuen Kurse anpasst. Schon passiert, leider zu spät. Aber Fisch kann man dort immer noch gut und günstig essen. Die Welt dreht sich weiter.

Kosovo

„If you don't know where you are going,
any road will lead you there."
Lewis Carroll (1832 – 1898),
britischer Schriftsteller

Durch den Kosovo wollte ich schon immer fahren. Nun ja, das stimmt nicht ganz, eigentlich will ich das erst, seit es diesen Staat gibt, das heißt seit Februar 2008. Ich war vorher schon an der Grenze, als ich 2005 quer durch Serbien bis kurz vor Kosovska Mitrovica gefahren war. Aber die vielen Kontrollen der Serben und vor allem die Unsicherheit mit kosovarischen Stempeln im Pass, die mir die Rückkehr nach Serbien verhindern könnten, nahmen mir damals die Lust und auch den Mut. Außerdem hätte ich ja 2005 nicht mal einen Länderpunkt dafür bekommen, da der Kosovo damals von niemandem (außer Albanien vielleicht) als souveräner Staat anerkannt war. Nicht dass das heute völlig unumstritten wäre: Derzeit erkennen 97 der 193 UN-Mitgliedsstaaten den Kosovo als unabhängigen Staat an, und es sind noch nicht mal alle EU-Mitglieder dabei.

Sie fragen sich, was Länderpunkte sind? Die sind eine ziemliche Spinnerei, aber schön zum Sammeln: sobald man ein Land betritt, in dem man vorher noch nie gewesen ist, darf man sich einen solchen Länderpunkt gutschreiben. Das geht nur einmal pro Land. Dabei gibt es Regeln, die genau festlegen, ab wann ein Land als betreten gilt. Oder was als Land gilt. Oder wie man mit ehemaligen Ländern umgeht, wie der DDR oder Jugoslawien. Solche Regeln darf sich auch jeder selbst aufstellen. Für mich habe ich irgendwann festgelegt: ein Flughafen-Stopover gehört zum Beispiel nicht dazu. In meinen Augen muss man wenigstens die Zoll-Linie überschritten haben. Viele Schweden waren beispielsweise noch nie in Finnland, obwohl sie regelmäßig mit der Viking Line nach Helsinki gefahren sind – aber ohne jemals auszusteigen, denn der Weg ist das Ziel, oder der relativ günstige Alkohol an Bord während der Vorbeifahrt am steuerfreien Åland.

Balkangebirge im Euroland Südwestkosovo.

Gerne darf man die Punkte von ehemaligen Ländern behalten. Das heißt, wer das Staatsgebiet der damaligen DDR betreten hat, inklusive dem Zwangsumtausch von 20 Mark wie ich damals mit der Schulklasse in Ostberlin, der hat natürlich auch den DDR-Punkt auf dem Welt-Reisekonto. Etwas komplizierter ist es mit Nachfolgestaaten. Eine sinnvolle Regel wäre hier: für offizielle Rechtsnachfolger von aufgelösten Staaten gibt es keinen neuen Punkt, wenn man vorher bereits im Land gewesen ist. Konkret: wer im alten Jugoslawien war, bekommt für das heutige Serbien keinen neuen Punkt, weil Serbien so eine Art Nachlassverwalter Jugoslawiens ist. Gemeinsam mit Montenegro hieß es einige Zeit lang Bundesrepublik Jugoslawien oder einfach Restjugoslawien, das reicht mir als Begründung. Den Dinar behielt man als Währung, Belgrad als Hauptstadt, die Flagge trägt grob die Farben der alten Sozialistischen Republik, das kann man alles von Bosnien oder Kosovo nicht behaupten. Sie bekommen für all die Splitter auch gerne je einen Punkt von mir gutgeschrieben. Noch ein Beispiel: wer mal in der alten Sowjetunion war, der muss schon gut argumentieren, wenn er einen zusätzlichen Russlandpunkt bekommen möchte – Russland ist schließlich der anerkannte Nachfolgestaat der UdSSR. Währung, Hauptstadt, sogar die Melodie der Hymne ist wie früher. Oder Tschechien als Nachfolger der CSSR. Kein Punkt, klar. Slowakei? Ein Punkt.

Tadaa! Unescopunkte gibt´s noch im hintersten Winkel von Ländern, in denen man glaubte, schon alles gesehen zu haben.

Noch ein Problem gibt es mit den gegenseitigen Anerkennungen: ist der Vatikan ein Staat? Selbstverständlich ist er das, und einen vollen Punkt wert, auch ohne Mitglied der Vereinten Nationen zu sein. Der Kosovo ist das übrigens auch noch nicht. Nicht einmal die Schweiz war Mitglied bis 2002, und den Länderpunkt will uns doch keiner streitig machen!

Schwieriger wird es mit Ländern wie Taiwan, mithin Gründungsmitglied der UNO (anstelle der Volksrepublik), aber 1971 aufgrund der One-China-Politik rausgeflogen. Für mich hat Taiwan jedoch unter sammlerischen Gesichtspunkten durchaus alle Merkmale eines echten Staates, etwa Staatsgebiet, Währung, Hauptstadt, eigene Steuern, ein wählendes Volk und sogar einen eigenen Made-in-Taiwan-Stempel. Auch Palästina ist so ein Diskussions-Kandidat, zumindest Stand 2012: Länderpunkt oder nicht? Ich war noch nicht dort, also habe ich mich mit der Frage nicht abschließend beschäftigt. Aber als ich gerade im Kaukasus war, hätte ich mir Abchasien und Südossetien tendenziell nicht gutgeschrieben. Und auch Berg-Karabach nicht, das ist mir alles viel zu politisch.

...und jedes Jahr kommen 20-30 Welterbestätten hinzu!

Es gibt noch ein paar Verrückte, die zahlen sogar einen Mitgliedsbeitrag für den *Travelers' Century Club.* Man muss nachweisbar mindestens 100 Länder besucht haben, dann ist man schon dabei. Aber deren Definition von Ländern ist schon extrem fragwürdig: da wird Alaska getrennt von den USA gezählt, die Channel Islands extra neben Großbritannien, pardon, England, Schottland, Wales und Nordirland (warum nicht auch Cornwall?), ebenso gelten die Balearen als Land, Sardinien, Korsika, Kreta, Rhodos, Korfu und überhaupt alle größeren Inseln außer Elba oder Krk, und so gibt es im TCC insgesamt 321 Staatsgebiete, Stand Juli 2011 und Tendenz steigend. Da mache ich nicht mit. Gut, ich habe mir den Spaß gemacht und alle meine Punkte auf dieser laschen Liste zusammengezählt, aber dann bei 140 aufgehört.

Manchmal ist es ein bisschen wie Geocaching (hier: einer von 265 Messpunkten des Struve-Bogens – wer kennt das schon, der nicht Geodäsie studiert?)

Aber eigentlich sind Länderpunkte sowieso keine gute Idee. Man kann zwar schnell stolz auf seine Sammlung sein, aber sobald mal jemand fragt: „Und was hast du gesehen in dem Land?“, fliegt die größte Schwäche dieser Art zu reisen auf: es hat etwas von einer Abhakliste. Ich bin selbst etwas ins Grübeln gekommen, als ich vor über 10 Jahren ins sächsische Görlitz fuhr, nur um mein Auto dort abzustellen, zu Fuß über die Neißebrücke zu marschieren und eine Runde durch die verregnete polnische Stadt Zgorzelec zu drehen. Damit hatte ich zwar den Polenpunkt, war aber überhaupt nicht stolz darauf. Und so eröffnete ich eine andere Liste: UNESCO-Punkte! Die gibt es für herausragende Sehenswürdigkeiten statt für Ländergrenzen.

Landsleute im Kosovo, standesgemäß wie jeder Albaner im Mercedes.

UNESCO-Punkte sind großartig: man kann sie viel leichter sammeln als Länder, sie haben einen höheren touristischen Wert, und vor allem wird man niemals fertig damit, weil die UNESCO Jahr für Jahr 20-30 neue Welterbestätten hinzufügt. Und auch wenn man wieder auf einer Abhak-Liste unterwegs ist, lohnt es sich, dafür die wildesten Umwege zu gehen, zu fahren und zu fliegen. Dann hat man nämlich wirklich etwas gesehen im Land! Und so war ich später noch drei Mal in Polen und kann von diesem Land nur schwärmen.

Ich schweife ab. Zurück in den Kosovo. Die Geschichte ist schnell erzählt. Was soll da gefährlich sein? Wenn man Serben fragt, sind natürlich alle Albaner kriminell. Fragt man das Internet, findet man viel über Drogenhandel. Ich bin jedenfalls auf dem Rückweg von der Türkei extra durch das Land gefahren, um mir sowohl den Länder- als auch den einzigen UNESCO-Punkt zu sichern, das Dečani-Kloster.

Anfahrt zum Kloster Decani.

Den Aufenthalt wollten wir auf einen Tag begrenzen, sodass wir zuvor in Mazedonien (offiziell: Ehemalige Jugoslawische Republik Mazedonien) und nachher in Montenegro übernachteten. Mein damaliger Arbeitskollege wollte sein Auto nicht über Nacht im Kosovo abstellen. Aber es ist nichts passiert. Das Leben läuft, der Muezzin ruft, man zahlt mit Euro, der Verkehr ist herrlich chaotisch, alle fahren Mercedes, überall sieht man bronzene Kriegshelden und „Thank you NATO"-Graffiti und albanische Flaggen, obwohl das Land doch längst seine eigene, seltsam europäisch anmutende Flagge hat. In Prizren trafen wir sehr viele Deutsche in vertrauter Uniform. Und in Peć trafen wir italienische Soldaten, die das in ihrem Sektor liegende Dečani-Kloster bewachten, das wir besichtigen wollten. Nichts von alledem war gefährlich, aber natürlich muss ich an dieser Stelle ein flaues Gefühl erwähnen, das ich im Magen bekam, und es lag nicht am Hunger.

So funktionieren Checkpoints: Ausweis zeigen, Hände ans Lenkrad, keine Witze machen.

Hier entlang! – Italienischer KFOR-Mann im Kloster (in der Kirche bestimmt ohne Mütze).

Wir fuhren langsam auf die erste Straßensperre der KFOR zu und sahen schon Gewehrläufe über den ersten aus Sandsäcken aufgetürmten MG-Nestern. Und auch wenn wir in friedlicher Mission unterwegs waren, vermieden wir jedes Foto, hielten beide Hände am Lenkrad beziehungsweise irgendwie sichtbar und fuhren im Schneckentempo den Slalom zwischen massiven Straßensperren bis zum nächsten Schlagbaum. Dort wurden wir von einem Italiener in Uniform sachlich humorlos begrüßt. Er überprüfte unsere Pässe. Danach durften wir gleich hinter dem Schlagbaum parken. Hinter der hohen Mauer erahnte man das Kloster. Um es uns anzusehen, mussten wir noch einmal unsere Pässe vorlegen. Der diensthabende Wachmann behielt sie ein, während er im Kloster anrief und unseren Besichtigungswunsch nebst Namen und Zusatz *tedeschi* irgendeinem Mönch oder einem anderen Soldaten mitteilte. Durch das Tor in der Mauer durften wir in den Innenhof treten und schließlich in die phantastische Hauptkirche. Eine riesige Basilika aus dem 14. Jahrhundert, außen renoviert und innen über und über mit Fresken bemalt. Hunderte Kerzen warfen einen warmen Schein auf Ikonen und Heiligenbilder. Nach Minuten hatten sich die Augen soweit an die Dunkelheit gewöhnt, dass wir auch betende Mönche ausmachen konnten. Andere Touristen gab es nicht. Es roch muffig-klerikal, alles passte zum Gesamteindruck. Kurzum, es war ein sehr lohnender Umweg und der perfekte Anlass, um quer durch die Republik Kosovo zu fahren. Der Weg ist das Ziel!

Kloster Decani – die militärische Bewachung scheint gerechtfertigt.

Fazit:

- Für eine Kosovoreise dürfen Sie sich einen vollwertigen Länderpunkt gutschreiben, so viel wie für Österreich und besser als für Färöer oder Hongkong
- Sie können sich aber auch eigene Regeln ausdenken
- Kosovo fühlt sich an wie ein Teil von Albanien, nur eben etwas anders
- Nationalflagge und Währung im Kosovo nehmen eine EU-Mitgliedschaft schon Jahrzehnte vorweg

Meine persönlichen Highlights:

- Kloster Dečani
- Alle Albaner und Kosovaren fahren Mercedes

Machen:

- Kloster Dečani, viel mehr habe ich leider selbst nicht gesehen

Meiden:

- Witze über kriminelle Albaner
- Militär fotografieren

Himmel und Hölle – Warum alleine reisen?

„There ain't no surer way to find out whether
you like people or hate them than to travel with them."
Mark Twain (1835 – 1910),
US-amerikanischer Schriftsteller

Eine Individualreise macht man natürlich nicht zwangsläufig allein. Jede Gruppe, die sich entschließt, auf eigene Faust ein Reiseziel unsicher zu machen, hat grundsätzlich alle Vorteile der ultimativen Freiheit gegenüber organisierter Pauschaltouren. Aber je größer eine Gruppe, desto träger wird sie natürlich. Die Geschwindigkeit einer Gruppe richtet sich nach der des langsamsten Mitglieds. Und ob alle Gruppenmitglieder über die Dauer einer gemeinsamen Reise überhaupt miteinander auskommen, steht auf einem anderen Blatt. Also doch lieber allein oder zu zweit reisen?

Dies ist eine der ersten Fragen, die sich bei der Reiseplanung stellt – in der Regel, bevor man das Ziel ausgewählt hat. Schließlich soll die Lektüre dieser Gedanken nicht dazu führen, dass ein Paar sich genötigt fühlt, getrennt zu reisen, bloß weil er möglicherweise plötzlich Lust auf Kalkutta während der Regenzeit verspürt und sie lieber nach Dubai möchte. Oder umgekehrt.

Andererseits kann man natürlich deutlich freier planen, wenn man weiß, dass man ohnehin allein reisen wird, weil man beispielsweise gerade alleine ist (nebenbei sei bemerkt, dass sich Individualreisen ausgezeichnet dazu eignen, Trennungen jeder Art zu verarbeiten) oder weil keiner der durchaus interessierten Freunde acht Wochen am Stück frei hat, und das womöglich über Weihnachten und Neujahr.

Wie auch immer man letztendlich reist, alles hat seine Vor- und Nachteile: Wer allein reist, ist eigentlich nie wirklich allein. Sie haben viel mehr Zeit zum Nachdenken – viele sind zu Hause so beschäftigt, dass sie es nicht mehr schaffen, einen Spaziergang zu machen und dabei ihren Gedanken freien Lauf zu lassen. Der Tapetenwechsel beflügelt Ihren Geist, vielleicht kommt Ihnen ja sogar die perfekte Geschäftsidee oder die Antwort auf alle Fragen nach dem Sinn des Lebens.

Im öffentlichen Nah- und Fernverkehr ist man selten allein.

Außerdem sind Sie allein grundsätzlich freier. Dies betrifft nahezu alles: den Rhythmus im Allgemeinen, bestehend aus der Zeit zum Aufstehen (sofern man diese selbst beeinflussen kann – gute Ohrstöpsel gehören bekanntlich zu den wichtigsten Reiseutensilien), dem individuellen Zeitbedarf in Badezimmern (der bisweilen auch abhängig ist vom Zustand derselben), der Vorstellung von Frühstück (manchmal ist ein riesiges Buffet inklusive, manchmal nur ein abgestandener Kaffee oder nicht mal das – ich persönlich lasse mich natürlich immer gern vom Frühstücksangebot in eine Unterkunft verführen), dem Tages- und Nachtprogramm. Ist man allein, muss man eben keinen fragen, ob man nun ins Puppentheater oder ins Yetimuseum gehen möchte und wie lange. Man kann sich selbst dafür entscheiden (und ist dann auch meist selbst schuld), wenn man drei Nachtbusse hintereinander nimmt. Man geht keine Kompromisse ein. Außer natürlich, dass man alles allein macht... aber jetzt kommt's: wenn Sie allein reisen, treffen Sie viel mehr Menschen als Gruppen- oder Pärchenreisende. Und die, die Sie dann treffen, ticken naturgemäß ganz ähnlich wie Sie: sie sind interessiert am gleichen Land, allein unterwegs und unabhängig.

Manchmal landet man in Privathäusern, ohne zu wissen, warum.

Es ist natürlich dem Alleinreisenden nicht verboten, sich organisierten Gruppen anzuschließen, sei es für den Halbtagesausflug in die Townships von Kapstadt, weil man anders nicht an das Ticket für Robben Island herankommt oder für die Viertagestour zwischen Nordchile und Bolivien, weil man das allein nicht in der Zeit zu dem Preis schaffen kann. Es ist ebenfalls erlaubt und widerspricht nicht der Grundidee, solche organisierten „Zwischenstücke" schon von zu Hause aus zu buchen, etwa weil man zu Recht befürchtet, dass während der Weihnachtsferien die Wunschsafari in Sambia für Laufkundschaft nicht mehr zugänglich sein wird. Im Prinzip macht dies gerade den Reiz dieser Art zu reisen aus, nämlich sich von Fixpunkt zu Fixpunkt zu bewegen mit ausreichend Puffer und Raum für Improvisation dazwischen.

Die Menschen, die Sie unterwegs treffen, sind oft genug Gleichgesinnte, die weit über dem stehen, was Sie über deren Heimat gemeinhin hören, lesen oder selbst verbreiten. Individualreisende sind beinahe zwangsläufig die Ausnahmen von jeder Regel: Manche Mitteleuropäer sollen ja glauben, US-Amerikaner seien ignorant anderen Kulturen oder Völkern gegenüber. Das mag schon sein, aber das Recht, dies zu behaupten hat man frühestens, wenn man mal selbst in den USA war, sich mit den Leuten sowohl dort als auch in Drittländern (nicht zwangsläufig Dritte-Welt-Ländern) unterhalten hat und jene dieses Klischee weitgehend bestätigen. Mir ist mal ein Amerikaner in Birma begegnet, der mit der Außenpolitik seiner Regierung nach 2001 so unglücklich war, dass er schon seit vier Jahren durch die Welt fuhr – er erzählte mir von seinem vierwöchigen Aufenthalt im muslimischen Bangladesch und dass es dort gerade für Amerikaner gerade nicht leicht sei... und er verteilte Visitenkarten, auf denen er als Occupation (also Berufsbezeichnung) *Traveller* angab.

Andere Klischees lösen sich in Wohlgefallen auf, das gilt ebenso für Einheimische wie für die Touristen, die Sie treffen: Schweizer sind gar nicht alle behäbig, Australier sind gar nicht alle Baywatcher, Muslime trinken bisweilen doch Alkohol, Schwedinnen sind gar nicht alle blond. Ach, und Deutsche sind übrigens auch gar nicht alle so humorlos. Man muss sich öffnen, man muss sich trauen, mit den Leuten zu reden, und man wird feststellen, dass es möglich ist, aus Afrika heimzukehren und ein völlig neues Bild von Brasilianern zu haben! Und neben dem völlig neuen Bild nicht zuletzt auch eine Mailadresse, eine Telefonnummer, einen Kontakt in irgendeinem sozialen Netzwerk, ein paar neue Ideen für den nächsten oder übernächsten Trip. Und umgekehrt! Das ist ein Schneeballsystem, das nicht nur legal ist, sondern wirklich alle Beteiligten bereichert.

So mancher soll ja auch schon echte Freundschaften oder gar den Partner oder die Partnerin fürs Leben auf der anderen Seite der Welt gefunden haben...

Der perfekte Zustand ist natürlich der, dass man mit seinem Partner oder seiner Partnerin die gleiche Vorstellung vom Reisen hat, vom Tempo, vom Programm, dass man sich gemeinsam treiben lassen kann, gemeinsam andere Traveller kennenlernt, sich allem öffnet, was sich bietet. Ist man zu zweit, kann man nicht nur alles Erlebte miteinander teilen, sondern findet sich selbst zu Hause auch auf viel mehr Fotos wieder, falls man dies wünscht.

Allein sein können ist der Himmel, allein sein müssen ist die Hölle.

Richtig einsam ist man in japanischen Fußgängerzonen nie.

Syrien, Libanon

„Die beste Bildung findet ein gescheiter Mensch auf Reisen. Wir lernen die Menschen nicht kennen, wenn sie zu uns kommen. Wir müssen zu ihnen gehen, um zu erfahren, wie es mit ihnen steht. Man reist nicht, um anzukommen, sondern um zu reisen."
Johann Wolfgang von Goethe (1749-1832), dt. Dichter

Ich verbrachte vier Tage in Aleppo, und die meiste Zeit unterhielt ich mich – und zwar gut. Ich unterhielt mich mit anderen Touristen im gleichen Hotel, einem jungen Syrer, der Touristen Arabischkurse anbot und dem kuwaitischen Eigentümer des Hotels, Ahmad, einem wahren Don Juan der Wüste. Ihm war es sehr recht, dass sein Hotel immer nur die Nummer zwei im Lonely Planet war, denn dadurch kamen weniger von den anstrengenden Deutschen und Holländern, die sich ständig beschwerten, wenn irgendetwas nicht ihrem gewohnten Top-Backpacker-Standard entsprach. Stattdessen war alles sehr entspannt, vor allem die Dachterrasse, auf der Bier, Wasserpfeife und Whisky gereicht wurden.

Der seltsamste Charakter war ein Libanese / Syrer mit russischem Pass, der Dauergast im *Gawaher* war und abwechselnd mit kanadischen Feministinnen flirtete oder wilde Geschichten über Beiruter Superclubs zum Besten gab. Gerüchtehalber gehörte er einem der zahlreichen syrischen Geheimdienste an und schuldete Ahmad ein paar tausend Dollar. Oder umgekehrt. Die Geheimdienste bespitzeln sich alle gegenseitig. Irgendeine Polizei hat offenbar den Nerv, die Bewegungen aller Touristen minutiös mitzuverfolgen – wann immer ich ein Busticket kaufte oder in ein Hotel eincheckte, wurden Pass- und Visumnummer ebenso notiert wie Ort der letzten und der nächsten Übernachtung. Kurz vor der irakischen Grenze, an der Ausgrabungsstätte der sumerischen Stadt Mari hatte ich sogar meine eigenen Beschatter, zwei Typen in einem dunklen alten Mercedes. Es beunruhigte mich kein bisschen, eher im Gegenteil.

Ein Bild aus friedlicheren Zeiten: Hama in Syrien.

In Ägypten oder Libanon trifft man ununterbrochen auf bewaffnete Militärs, aber man kann sich sehr gut einbilden, dass sie den naiven Touristen nur beschützen sollen. Ich hatte keine Ahnung, was sie bewirken oder verhindern wollten. Ich hatte aber nicht vor, noch näher an den Irak heran zu marschieren, und als ich einen Bus zurück nach Westen nahm, waren meine nicht gerade unauffälligen Begleiter auch schon wieder verschwunden. Möglicherweise ist das Assad-Regime endlich verschwunden, während Sie dies lesen.

Zwei der fantastischen Norias (Wasserräder) von Hama aus dem 14./15. Jh. am Orontes-Fluss.

Am anderen Ende dieser Reise hatte ich ein kleines Techtelmechtel mit der Hisbollah. Ich war seit ein paar Tagen im Libanon, hatte meine Basis in Beirut aufgeschlagen, von wo aus ich das kleine Land tageweise besichtigte. Beirut kann man genauso leicht lieben wie hassen, es mag schon was dran sein am Paris des Ostens, aber vor allem ist die Stadt groß und reich, trotz oder gerade dank der vielen Kriege und Zerstörungen. Vieles ist ziemlich protzig wiederaufgebaut, durch die breiten Straßen rasen massenhaft deutsche Premiumautos, und selbst die Taxis sind auch hier fast alle Mercedes (wenngleich zumeist die unzerstörbaren Strich-Acht aus den Siebzigern). Eine Geldstadt also, die libanesische Diaspora ist ja auch höchst erfolgreich im Import und Export, und allein der Name des Landes muss als Qualitätssiegel herhalten, wenn zum Beispiel ein paar Kuwaiter ihre Shawarma im Frankfurter Bahnhofsviertel als libanesische Küche vermarkten.

UNO-Blaumützen passen auf, dass nicht irgendwelche libanesischen Minderheiten auf andere libanesische Minderheiten losgehen.

Die kleinen Küstenstädtchen in Libanons Süden sind deutlich zugänglicher. Es ist ein Genuss für alle Sinne, bei schönem Wetter durch die Jahrtausende alten Gassen von Tyre oder Byblos zu spazieren. Man bekommt sogar UNESCO-Punkte dafür. Ein weiterer Punkt befindet sich weiter landeinwärts: der Tempel Baalbek jenseits des Libanongebirges und somit mitten drin im offiziellen Hisbollahland. Die schiitische Organisation und Partei wurde genau hier durch iranische Revolutionsgarden gegründet und wird seit jeher durch die iranische und syrische Regierung massiv unterstützt. Drogen sollen dort auch gehandelt werden. Den Touristen in Baalbek erscheint die Hisbollah jedoch als große sympathisch-zuvorkommende Regionalverwaltung, die stolz Eintrittskarten abreißt und jeden Interessierten in die grün-silbern schimmernden Moscheen einlässt. Zufällig hatte ich wieder Anton getroffen, einen russischen Fotografen, zum dritten Mal schon auf dieser Reise. Das erste Mal hatten wir uns in Syrien im phantastischen Kloster Deir Mar-Musa gesehen, später auf der Uferpromenade in Beirut, und nun im Minibus nach Baalbek. Gemeinsam schauten wir in die erwähnte Moschee, bevor wir uns dem Tempelbezirk zuwendeten. Es war grandios. Besonders der außergewöhnlich gut erhaltene Bacchustempel und die Überreste des monumentalen Jupitertempels, deren Ausgrabung seinerzeit durch Kaiser Wilhelm II. veranlasst worden war. Als musikalische Untermalung hörten wir die Live-Übertragung der Freitagsgebete, die sich über mehrere Stunden hinzog. Schön war auch das Wetter. Anton machte vermutlich ganz unglaubliche Fotos, schwarz-weiß mit unterschiedlichen Filtern von Säulen, Fassaden und Rosensträuchern. Irgendwann waren wir müde, hungrig und einfach fertig mit den Tempeln, und so gingen wir und fanden uns im Basar wieder, wo die Hisbollah Fanartikel verkauft.

Da kann man doch tatsächlich Hisbollah-T-Shirts mit Kalashnikov-Motiv für 10 Dollar (Verhandlungsbasis) erstehen, sowie Kaffeetassen und Spielzeuggewehre. Ein paar weitere Ruinen gab es dort auch zu bewundern. Beim Stöbern verlor ich Anton aus den Augen. Schon vorher war uns an jeder Ecke hinter vorgehaltener Hand Marihuana angeboten worden, aber nun, da ich allein war, wurden die Angebote konkreter. Als ich schließlich einen Fußweg entlang der Tempel hinunter ging, um ein Motiv von Säulen vor untergehender Sonne zu fotografieren, hatte ich plötzlich einen neuen Begleiter. Ein junger Mann, vielleicht 17, redete auf Englisch auf mich ein, es ging wieder um besonders gute und günstige Drogen. Als ich ihm mein absolutes Desinteresse klar machen wollte, hatte er plötzlich eine ziemlich gefährlich aussehende Pistole in der Hand. Ich glaube, er hatte nichts anderes damit im Sinn, als sie mir vorzuführen, aber mir wurde die ganze Sache ziemlich unheimlich.

Ich treibe mich wirklich gern in den etwas schwierigeren Gegenden herum, aber die Anwesenheit von Waffen macht sogar mich nervös. Natürlich blieb ich dem Burschen gegenüber gelassen, machte ein paar anerkennende Bemerkungen zu seiner gewaltigen Kanone, beschleunigte aber trotzdem meinen Schritt zurück in Richtung der Basarstände, wo auch noch der eine oder andere Touristenbus stand. Ein paar hundert Meter waren's noch, und es hätte alles passieren können. Der Kamerad lief ein paar Meter schräg hinter mir und wirbelte fachmännisch mit seinem Schießeisen durch die Luft wie John Wayne, doch ganz so gut wie beim großen Westernhelden klappte es nicht, denn plötzlich fiel ihm die Waffe aus der Hand und schepperte laut auf den staubigen Asphalt. Sie ging dabei natürlich nicht los, in einem so schlechten Film war ich glücklicherweise nicht gelandet. Aber meinem jungen Begleiter war die Sache so peinlich, dass er sich prompt verdrückte; mit mir waren ja ohnehin keine Geschäfte zu machen, und nebenbei bemühte sich die Hisbollah in ihrer Hauptstadt sichtlich um ein gutes Image. So bleibt als Fazit auch dieser Episode meines Reiselebens: wo es scheinbar am gefährlichsten ist, wird der Tourist von Terroristen beschützt, und sei es nur aus politischem Kalkül.

Fazit:

- Syrien ist eines der kulturell reichsten Länder des Nahen Ostens
- Auch dieses Land ist wieder ein Beispiel für hohe Toleranz und Sicherheit, solange der Diktator uneingeschränkte Macht genießt – kaum entzündet sich der Funke der Revolution, wird es wohl über Jahre unbereisbar bleiben. Ein Jammer!

Meine persönlichen Highlights:

- Hama mit seinen geheimnisvoll-schönen Wasserrädern am Fluss Orontes
- Das Felsenkloster Deir Mar Musa al-Habaschi

Machen:

- Aleppo und Damaskus. Als Rom gegründet wurde, waren die großen Städte Syriens schon über 2.500 Jahre alt
- Das Euphrattal hinunter bis kurz vor die irakische Grenze und die Ruine Dura Europos
- Die Ruinen von Palmyra in Syrien und Baalbek im Libanon

Meiden:

- Sich als Israelfan outen
- Ahnungslos in politische Kundgebungen spazieren
- Hat zwar nichts damit zu tun, aber Libyen wird von Deutschen gerne so ausgesprochen wie Syrien, obwohl die Vokale gerade umgekehrt sind

Außer Drogen kann man in Baalbek den üblichen Basarklunker bis hin zu Hisbollah-Fan-T-Shirts kaufen.

Special price only for you my friend!

„Travel is fatal to prejudice, bigotry and narrow-mindedness. Broad, wholesome, charitable views of men and things cannot be acquired by vegetating in one little corner of the earth."
Mark Twain (1835 – 1910),
US-amerikanischer Schriftsteller

Stellen wir uns die wunderbaren Basare und Märkte dieser Welt vor. Egal ob in Asien, im Nahen Osten, Afrika oder Lateinamerika, Straßenmärkte sind einfach gigantisch. Und es ist egal, ob man nur die Atmosphäre inhalieren, Fotos machen oder tatsächlich etwas Nettes kaufen möchte. Entspannter sind natürlich immer die Märkte, wo auch die Einheimischen einkaufen und Touristen nur vereinzelt aufkreuzen. Je mehr Umsatz durch große Reisegruppen erzeugt wird, desto anstrengender und aggressiver werden die Händler, und da hört für viele die Komfortzone auf. Dabei ist es ein großer Spaß, trotzdem, oder sogar erst recht nur das zu kaufen, was man eigentlich wirklich haben will. Dabei kann man sich die Vielzahl an aufdringlichen Händlern einfach zunutze machen, um dessen Preis in die richtige Richtung zu drücken.

Erste und wichtigste Regel im Umgang mit Marktschreiern, besonders wenn diese anfangen, an Ihrem Gewand zu zupfen: lächeln Sie beim Nein-Sagen! Aber sagen Sie mit großem Nachdruck „Nein, danke", mindestens auf Englisch, vielleicht sogar in der Landessprache, und lächeln Sie dabei. Falls ich es noch nicht gesagt habe: lächeln Sie dabei! Man wird Sie dann verstehen – und in Ruhe lassen. Machen Sie nicht den Eindruck, dass Sie gestresst sind – das schaukelt sich leicht hoch, schließlich machen die Händler durchaus einen ziemlich gestressten Eindruck. Das ist deren Problem, nicht Ihres. Nehmen Sie Druck aus jeder Situation, nehmen Sie die Spannung raus. Nein danke plus ein Lächeln bringt Sie sicher zwei Meter weiter, wo es der nächste versuchen wird, Ihnen eine Seife oder einen Kaftan zu verkaufen oder eine orange Stoffkatze aus China. Ach, und nehmen Sie es nicht persönlich, wenn man Ihnen ständig Seife verkaufen will.

Wenn Sie doch mal etwas kaufen wollen, nutzen Sie den Wettbewerb aus, drehen Sie den Spieß um. Handeln ist nicht nur sinnvoll, sondern macht auch Spaß. Es ist sogar ein bisschen wie in der wohl bekannten Szene aus „Das Leben des Brian“: wenn der Kunde nicht handeln will, wird ihm auch nichts verkauft. Der Funken Wahrheit dahinter ist schlicht der, dass ein Händler unglücklich sein muss, wenn er nicht das Maximum aus seinem Kunden herausgeholt hat. Sagt ein blöder Tourist sofort ja, denkt der Verkäufer, er hätte auch leicht das Doppelte verlangen können.

Kein Marktschreier. Oder hat er mir bereits angesehen, dass ich heute nichts kaufen würde?

Ob Teppiche oder Sarongs, Holzschnitzereien oder Töpferei, kitschige Plastikpalmen oder gefälschte Uhren, am besten ist Ihre Verhandlungsposition natürlich, wenn Sie das alles gar nicht haben wollen. Oder wenigstens so tun, als ob. Die Kunst besteht darin, durchaus einen Blick auf die Auslegeware zu werfen, dem heraneilenden Verkäufer aber sofort und nachdrücklich (und mit einem sanften Lächeln) klarzumachen, nein, das interessiere Sie überhaupt nicht. Sie schauen ja nur. Und rein interessehalber, was würde das denn kosten? Ach so, ja klar, so viel – zum Glück wollen Sie es ja nicht.

Zu Risiken und Nebenwirkungen fragen Sie Ihren Shamanen oder die Flughafensicherheit.

An dieser Stelle nehmen wir an, dass sich diese Szene auf einem Markt abspielt, der nicht nur aus einem einzigen Stand besteht: Gehen Sie jetzt unbedingt weiter! Der erste Händler, der Ihnen den Anfangspreis verraten musste, hat grundsätzlich Pech gehabt. Während Sie sich noch abwenden, hören Sie übrigens schon einen zweiten, dramatisch gesenkten Preis vom gleichen Pechvogel. Merken Sie sich den und gehen Sie zu einem Stand mit dem identischen Artikel, fairerweise nicht in Sichtweite des ersten (was fast egal ist, womöglich sind die beiden Schwager oder gehören zum gleichen Großhändler).

Wiederholen Sie Ihr Desinteresse, fragen aber gar nicht nach dem Preis, sondern murmeln wissend die Hälfte der letzten – also schon gesenkten – Zahl, die Sie vom ersten Stand mitgenommen haben. Ihr zweiter Verkäufer wird empört sein. Ob er ein guter Schauspieler ist oder nicht, können Sie kaum beurteilen. Aber Sie testen so die Elastizität des neuen Preises. Falls Sie zu weit gegangen sind, könnte die Zahl, die Sie bei Ihrem Abmarsch hinterher gerufen bekommen, schon fast ein fairer Preis sein. Beim dritten Händler können Sie auf diese Art schon relativ sicher sein, besser verhandelt zu haben als die meisten Ihrer Mittouristen aus den Tourbussen. Ein ganz gutes Zeichen ist, wenn der dritte Händler gar nicht mehr Ihr Freund sein will, nachdem er Ihr Preisangebot gehört hat. Er wird Ihnen den Artikel mürrisch in eine schwarze Plastiktüte packen, Ihr Geld nehmen und nur noch deshalb lächeln, weil Sie ihm in seiner Landessprache danke sagen. Ach, und vermeiden Sie doch ein paar von den Plastiktüten, Sie haben doch sowieso einen Tagesrucksack dabei. Außerdem erzählt Ihre schwarze Plastiktüte (oder gar mehrere davon) jedem folgenden Händler die Geschichte, dass Sie bereit sind, Souvenirs zu kaufen – stellen Sie sich auf einen Spießrutenlauf ein. Und Ihre Nummer, Sie würden grundsätzlich erst frühestens am vorletzten Urlaubstag kaufen, der sei aber erst in zwei Wochen, zieht dann auch nicht mehr.

Die Pointe dieser Geschichte ist, dass Sie mit Ihrem Artikel wieder am ersten Stand vorbeilaufen. Der Pechvogel wird neugierig fragen, was Sie nun letztlich bezahlt hätten. Sagen Sie ihm die Wahrheit, und er wird anerkennend nicken und sagen, ja, *good price*. Wenn Sie ihm dann etwas Gutes tun wollen, kaufen Sie einfach ein ähnliches Teil bei ihm zum gleichen Preis. Können Sie ja alles zu Hause verschenken.

Früher oder später werden Sie sich in einem Teppichgeschäft wieder finden. Widerstand ist zwecklos. Am besten genießen Sie stattdessen die Zeremonie: Sie bekommen sehr heißen schwarzen Tee oder türkischen Kaffee gereicht, während Ihnen Ihr Verkäufer erzählt, sein Halbbruder oder Onkel lebe exakt in Ihrer Stadt. Was für ein verrückter Zufall! Und Sie müssten gar nichts kaufen, *just look, no buy*, Sie sind sein Ehrengast. Ach, und erst letzte Woche war ein Landsmann da und hat einen Teppich hier gekauft, einen sehr schönen übrigens aus dem Hinterzimmer. Sie können auch schauen, schauen kostet nichts, es erfreut nur das Auge. Klar, machen Sie gern Fotos, das Geschäft ist ein Traum aus tausendundeiner Nacht und in der Tat zehnmal schöner als Ihr Hotelzimmer. Weil Sie es nur mal so wissen wollen, fragen Sie nach dem Preis eines der vor Ihnen ausgerollten Teppiche: Ein Taschenrechner kommt ins Spiel, mit riesigen Tasten und einem noch größeren Display. Damit wird wenig gerechnet und viel gezeigt. Special Price! Die Stimme senkt sich und verrät Ihnen, dass Sie einen Rabatt von 20% bekommen, weil Sie nicht mit einer Reisegruppe da sind, und überhaupt weil Sie es sind. Die Gastfreundschaft seiner Heimat gebiete ihm diese Bevorzugung seiner hochverehrten Kunden. Sie werden auch seit dem ersten Moment *my friend* genannt. Mehrere junge Männer rollen Teppiche vor Ihnen aus, Ihr Vertrauter erklärt Ihnen die Handarbeit und die Muster. Die Ihnen gar nicht gefallen, werden wieder zusammengerollt, dabei dürfen Sie bestaunen, wie einfach sie zu transportieren sind. Und natürlich werden sie auch in Ihre Heimat geschickt, falls nötig, das kostet nicht mal extra. Irgendwann in diesem Moment werden Sie wahrheitsgemäß sagen, dass Sie eigentlich gar keinen Teppich kaufen wollten. Vielleicht sagen Sie auch, Sie wollten noch mal darüber nachdenken. Blicke werden ausgetauscht, natürlich weiß jeder, dass Sie nie wiederkommen werden. Jetzt fallen die Preise, wahrscheinlich dramatisch. Sie hören Klagen, dass eine so hohe Qualität so billig verkauft werden müsse. Sie gehen Richtung Ausgang, dabei müssen Sie plötzlich alle Türen selbst öffnen und über Gegenstände, Teppiche, Stühlchen klettern, die vorhin noch nicht da standen. Wenn Sie das Geschäft verlassen, vernehmen Sie gezischte Flüche in einer Sprache, die Sie glücklicherweise nicht verstehen.

Man muss eine Weile zuschauen, um zu begreifen, dass da manchmal richtig Umsatz gemacht wird.

Falls Sie aber doch bleiben, um zu handeln und letztlich zu kaufen, können Sie sich darauf verlassen, dass fast alles wahr ist, was Ihr Verkäufer Ihnen über die Ware erzählt. Bis auf den Preis natürlich. Die Zeremonie erfordert die klagende Feststellung, dass der letzte Preis angeblich schon unter dem Einkaufspreis läge, obwohl der gute Mann doch vier Kinder ernähren müsse. Ob Sie auch Kinder haben, will er wissen. Der Teppich wird schneller eingepackt als Sie schauen können und Ihre Kreditkarte zücken. Ein letztes Mal schaut Sie der Verkäufer bittend an: kein Cash? Nicht mal Dollar? Euro, auch sehr gerne! Kreditkarten sind so kompliziert und verlangen horrende Gebühren.

Mit dem Teppich unterm Arm laufen Sie später an all den anderen Teppichhändlern vorbei, die Ihnen alle erklären, dass Sie zu viel gezahlt hätten. Spätestens jetzt müssen Sie lächeln angesichts des ganzen absurden Theaters. Und der Mann, der

Ihnen den Teppich fast geschenkt hat? Seien Sie sicher, er lächelt auch.

Andere Freunde, die Ihnen das Geld aus der Tasche ziehen wollen, sind meistens die Taxifahrer (oder Rikscha, Fahrrad, Tuktuk, egal). Wenn Sie den Fehler begehen, in ein Taxi zu steigen, ohne einen blassen Schimmer zu haben, wohin die Fahrt grob geht und was sie kosten dürfte, dann brauchen Sie sich nicht zu wundern, wenn der überaus freundliche und hilfsbereite Fahrer mit großer Kreativität noch größere Umwege fährt. Vorausgesetzt, er hat ein Taxameter. Eine Karte oder ein GPS auf dem Schoß hilft da schon ungemein, auch zur persönlichen Orientierung. Wenn er Ihnen unaufgefordert die teuerste Stadtrundfahrt der Welt anbieten will, sollten Sie es irgendwann merken. An dieser Stelle ist es auch wieder hilfreich, eine gewisse Ortskenntnis wenn nicht zu haben, so doch vorzutäuschen. Wenn Sie ganz souverän eingestiegen sind und den Eindruck erwecken, Sie seien schon seit Wochen in dieser Stadt, wird er auch nicht versuchen, Sie durch elf Umwege zu verwirren.

Selbst, wenn er rechtschaffen den kürzesten Weg genommen hat, können Sie am Ende der Fahrt die Dollarzeichen in seinen Augen sehen, sobald Sie ihn fragen, was es denn nun koste. Dann haben Sie nicht nur die schlechteste Verhandlungsposition, sondern gar keine mehr. Sie können manchmal sogar zusehen, wie er sich angestrengt die höchste Zahl ausdenkt, die ihm gerade in den Sinn kommt.

Um all dies zu vermeiden, fragen Sie vorher eine neutrale Person (jemanden, der in Ihrem Hotel arbeitet, einen Gemüsehändler, einen Ticketverkäufer), was Ihre Fahrt grob kosten wird. Mit diesem Wissensvorsprung gehen Sie gleich vor Fahrtantritt in die Verhandlung mit dem Chauffeur, selbst wenn er eigentlich ein Taxameter hätte. In vielen Ländern bleibt dieses dann auf Vereinbarung ausgeschaltet. Wenn der erste Taxifahrer auf Ihr Preisangebot nicht eingehen will, nutzen Sie einfach wieder den Wettbewerb. Ein Taxi kommt selten allein, im Gegenteil können Sie meistens zwischen Dutzenden auswählen. Die ganze Fahrt wird nicht nur viel entspannter, sobald der Endpreis vorher feststeht, sondern meist auch schneller vonstattengehen, schließlich wird Ihr Fahrer aus eigenem Interesse den allerkürzesten Weg inklusive illegaler Shortcuts nehmen. Eiserne Regel also: niemals ein Taxi besteigen, ohne vorher den Preis ausgemacht zu haben (sonst dürfen Sie, soweit vorhanden, auf das Taxameter bestehen, müssen dann aber mit Umwegen rechnen).

Manchmal ist alles anders: In Indien (wo sonst) ist es mir mal passiert, dass ich meinen Auto-Rikshaw-Driver auf einen fairen Preis heruntergehandelt hatte und schon vor Ende der Fahrt genau die vereinbarten 20 Rupien in der Hand hielt, als der nette Fahrer einfach ablehnte. Er wollte auch nicht mehr, er wollte einfach gar nichts, es war nicht einmal möglich, ihm das Geld in die Hand zu drücken oder in die Rikscha zu legen. Vorschläge, was ihn dazu veranlasst haben könnte, nehme ich immer noch gerne entgegen.

Und nach dem Einkauf am besten die vielen kleinen schwarzen Plastiktütchen vermeiden.

Südafrika, Lesotho

„Ihr Europäer habt die Uhren, wir haben die Zeit.“
Afrikanisches Sprichwort

Hier wird mir jeder zustimmen, der bisher nicht dort gewesen ist: das ist wirklich ein gefährliches Land! Ich hatte mich mehr als je zuvor darauf eingestellt, alle meine Tricks angewendet für den maximalen *Peace of Mind*, die totale Backpacker-Souveränität. Aber was hilft das gegen Gewaltkriminalität?

Sehr früh am Morgen kam ich am Flughafen an und hatte sofort, nein, nicht Angst, aber doch eine erhöhte Wachsamkeit, ausgelöst durch Berichte von Mord und Totschlag, die man zwangsläufig zu hören und lesen bekommt, sobald man sich mit dem Thema Südafrika beschäftigt. Aus ebendiesem Grund hatte ich entgegen meiner Gewohnheit ein Shuttle zu meinem Hostel gebucht. Ich wollte mich langsam an die angeblichen Gefahren gewöhnen. Natürlich klappte alles ganz hervorragend. Außer mir saßen noch eine Handvoll anderer Backpacker im Bus, die alle in verschiedenen Hostels gebucht hatten. Als ein Paar ausstieg, unser Fahrer beim Ausladen half und dabei kurz im Hostel verschwand, befürchtete ich, dass die offenen Türen, wie in einem schlechten Film, sofort sämtliche düsteren Gestalten der Stadt anziehen würden, aber nichts dergleichen geschah. Stattdessen wurde ich pünktlich in meiner Unterkunft abgesetzt, so früh sogar, dass ich noch gar nicht einchecken konnte. Stattdessen gönnte ich mir einen Milchkaffee im Restaurant des Hostels und machte mir einen schönen Tagesplan.

Es gibt viele gute Gründe, sich Afrika anzuschauen. Das ist einer der besten.

Drei Tage später war das ganze Bedrohungsgebäude Südafrikas zusammengebrochen, und ich bewegte mich dort so frei und gutgelaunt wie in jedem anderen Reiseland.

Für den dritten Tag besorgte ich mir gleich in der Früh ein Busticket für einen großen Sprung nach Osten: Weil ich eine zweiwöchige Rückfahrt von Johannesburg zurück nach Kapstadt ans Ende der Reise gestellt hatte, konnte ich den Nachtbus bis kurz vor Lesotho nehmen. Vorbei an der Garden Route, quer durch die Karoo. Sie haben es bestimmt schon vermutet: ich fahre ausgesprochen gerne Bus. Ich genieße es, die Landschaft vorbeiziehen zu sehen (zumindest tagsüber), ab und an ein Foto zu machen, meine eigenen Mahlzeiten dabei zu haben und zwischendurch in einem Buch zu lesen. Nachtbusse haben natürlich zwei Nachteile: Zum einen sieh man nichts wirklich Interessantes durch das Fenster, und zum anderen ist an viel Schlaf nicht zu denken. Lesen kann man hingegen trotzdem, notfalls mit der Taschenlampe. Mit meinem Budget, war ich früher dennoch gern im Nachtbus unterwegs, weil man große Strecken zurücklegt und sogar eine Übernachtung spart. Für Nachtbusse gilt mehr als für längere Tagesstrecken: Nehmen Sie in jedem Fall genügend

Klamotten mit, denn in kalten oder heißen Ländern mit kalten Nächten kann man sich ebenso wenig auf die Heizung der Busse verlassen, wie in heißen Nächten darauf, dass die Klimaanlage auf eine artgerechte Temperatur eingestellt wird. Umgekehrt ist auch nicht gesagt, dass es überhaupt eine Klimaanlage gibt, aber das gilt mehr für die abgewrackten Personentransporter im Nahen Osten oder ärmeren Ländern Afrikas. Manchmal heizt der Motor die letzten Sitzreihen auf gefühlte 60 Grad auf. Ein paar Kleider extra lohnen sich also in jedem Fall, auch als Kopfkissen oder Decke. Ich habe auch manchmal die Original-Economy-Class-Decke vom Hinflug mitgehen lassen, sprich: ausgeliehen, und sie beim Rückflug wieder im Flugzeug hinterlassen. Die sind hübsch warm und trotzdem platzsparend.

Umsteigen am Busbahnhof von Butha-Buthe.

Am nächsten Morgen konnte ich mir kurz die Füße in Bloemfontein vertreten. Ich unternahm aber nicht viel mehr als Kaffee und etwas Gebäck zu kaufen. Außerdem spritzte ich mir etwas kaltes Wasser ins Gesicht. Angst vor irgendwelcher Kriminalität hatte ich längst nicht mehr; ich verhielt mich genauso, wie ich mich in jedem Land mit gewissen Risiken verhalte, nämlich ausgeschlafen, obwohl ich genau das natürlich nicht war. Auf den Schein kommt es an. Nun ging es weiter bis zur Grenze nach Lesotho, an der ich den Bus verließ und mich zu Fuß in das kleine Königreich begab. Ein Visum benötigte ich auch hier nicht. Mit einem Schlag war ich in einem der ärmsten Länder der Welt und somit erstmals tatsächlich in Afrika angekommen – vorher hatte ich das Kapstadter Umland gesehen und mir nicht gerade viele Survival-Fertigkeiten eingebildet. In der Hauptstadt Maseru, direkt hinter der Grenze, wollte ich nicht ewig bleiben, sondern ein Stück weiter ins Land hineinfahren. Mit ein paarmal Umsteigen von Minibus zu Minibus kam ich relativ weit und war an jeder Stelle der einzige Tourist weit und breit. Trotzdem hielten sich die neugierigen Blicke oder Fragen in Grenzen, bis auf einen etwas längeren Zwischenstop an einem winzigen Markt, wo immer mehr Kinder kamen, um sich von mir fotografieren zu lassen und sich anschließend totlachten, als sie sich selbst auf dem kleinen Monitor an der Kamera sahen. Auch ein paar Eltern machten den Spaß mit.

Ich konnte nebenbei frisches Obst kaufen; es war zwar erst der vierte Tag in Afrika, aber mein Magen zeigte sich bisher sehr kooperativ, sodass ich nicht mehr auf internationale Standardburger angewiesen war. Dazu eine Cola, die ich im Urlaub immer als Präventivmedizin betrachte, so selten ich sie auch daheim trinke. Es gibt ja wirklich keine einzige Ecke mehr auf diesem Planeten ohne Cola. Die Marktdurchdringung ist so nah an 100% wie bei keinem anderen mir bekannten Konsumgut. Mobiltelefone werden als nächstes 100% der Erdenbürger erreichen, es scheint wirklich so, dass noch im allerärmsten und von allen boykottierten asiatischen oder afrikanischen Winkel zwischen Papua-Neuguinea und Timbuktu jeder Mensch ein Grundrecht auf sein Handy zu haben scheint. Apropos Handy: Bitte nennen Sie Ihr Mobiltelefon in englischsprachigen Ländern nicht so (sondern Mobile Phone oder Mobile oder Cellphone), andernfalls sorgen Sie für Missverständnisse bis hin zu unfreiwilliger Komik. Es sei denn, es waren schon so viele Deutsche vor Ort, dass man Ihnen diesen blöden Scheinanglizismus mitleidig vergibt. Vielleicht verbreitet sich aber irgendwann der Begriff Handy auch in China, dann haben wir´s auf jeden Fall geschafft.

Jeder muss heute noch irgendwo hin, auch in Lesotho.

Wie gesagt, Cola hält den Magen ruhig, solange man sich noch nicht so recht an die Delikatessen anderer Klimazonen gewöhnt hat. Beim Essen gilt es zumindest für den Anfang die folgenden einfachen Grundregeln zu befolgen: machen Sie einen großen Bogen um abgestandene Speisen, vermeiden Sie alles, was mit nicht gekochtem Wasser – oder noch schlimmer Milch – in Berührung gekommen ist, dazu zählen sämtliche

Früchte, die Sie nicht schälen, Vorsicht mit Salat und rohem Gemüse, allgemein nichts, was lang im Schaufenster lag, jede Form von Eis (außer abgepacktes Markeneis – Sie werden übrigens alle bekannten Marken in jedem Kontinent unter anderem Namen finden) und insbesondere Eiswürfel. Wenn Sie sofort am ersten Tag unbedingt landestypische Spezialitäten versuchen wollen, dann halten Sie sich an die Küchen mit viel Publikum, dort ist die Wahrscheinlichkeit gering, dass die Schmeißfliegen schon vor Ihnen davon gekostet haben. Ich stille mein Hungergefühl anfangs auch gerne mal mit abgepackten Keksen aus dem Supermarkt, trinke natürlich reichlich Wasser aus den omnipräsenten Plastikflaschen, mitunter geschmacklich und psychologisch angereichert durch eine Vitamin- oder Mineralien-Brausetablette, und eben ab und zu eine eisgekühlte Cola – ohne Eiswürfel versteht sich. Wenn Sie glauben, Sie sind aus dem Gröbsten raus, dann gehen Sie natürlich so oft wie möglich lokal essen, denn das ist in vielen Ländern ein Highlight. Lassen Sie sich einfach von Ihrem Reisebuch, heutzutage auch von Internetbewertungen oder auch von Ihrem gesunden Menschenverstand leiten. Scharfes Essen soll ja auch ganz gut gegen Keime helfen. Die Hardcore-Inder trinken ja sogar aus dem Ganges – meine Theorie ist, dass er so toxisch ist, dass darin auch kein Krankheitserreger mehr eine Überlebenschance hat.

Wie Sie mit dem Essen im Urlaubsland klarkommen, hängt zwar extrem von Ihrer individuellen Verfassung wie auch vom Urlaubsland ab, aber Sie können etwaige negative Erinnerungen durch richtiges Verhalten in gewissen Grenzen minimieren. Wenn Sie bereits wissen, dass Ihr Magen in der ersten Woche ganz gerne rebelliert, dann essen Sie während dieser Anfangszeit vorwiegend abgepackte Ware statt halbgares Streetfood. Trinken Sie nur aus sauberen Flaschen und beruhigen Sie Körper und Gewissen mit guten Ergänzungsmitteln aus Ihrer Apotheke. Wenn es Ihnen schmeckt, sind bekannte internationale Fastfoodketten durchaus eine gute Option, Ihren Magen auf die neuen Herausforderungen einzustellen. Nach einiger Zeit dürfen Sie dann zu den unbekannten lokalen Fastfoodketten übergehen.

Stellen Sie während Ihres Urlaubs auch einmal dankbar fest, was für ein gigantischer Luxus es für uns ist, dass wir unser Leitungswasser einfach trinken können. Sicher, Sie können es theoretisch überall trinken, wo Ihr Reiseführer es als *generally safe* deklariert. Aber entweder wird Ihnen irgendwann trotzdem flau im Magen oder es schmeckt so stark nach Chlor, dass Sie doch lieber nur Zähne damit putzen. Es gibt auch die bekannten Wasseraufbereitungstabletten, die aber nicht alle Keime zuverlässig vernichten (z.B. Amöben). Aufkochen hilft eher. Solange Sie sich also in Regionen aufhalten, wo Sie Trinkwasser in Flaschen kaufen können, riskieren Sie nichts aus unangebrachter Sparsamkeit heraus.

Morgentoilette in Odessa.

Und eines Tages passiert es dann doch. Sie sind möglicherweise schon seit vier Wochen beschwerdefrei unterwegs, essen fröhlich all die wunderbaren Leckereien von den Straßenküchen, und plötzlich sitzen Sie auf dem Klo, nur zehn Minuten nach dem Fehler. Und es fühlt sich nicht so an, als könnten Sie das Klo jemals wieder verlassen. Wenn es so schlimm ist, ziehen Sie die Notbremse mit einer (oder zwei) bekannten Diarrhöe-Tabletten und gehen ins übliche Cola-Salzstangen-Programm über. Ich frage dann meistens auch eine lokale Apotheke, und selbst wenn dort kein Mensch englisch (oder deutsch) spricht, haben sie dort lustige Bücher, anhand derer man seine Beschwerden bildlich beschreiben kann, sowie Lexika, in denen alle weltweit bekannten Wirkstoffe nachzuschlagen sind, sobald Sie das Wort Imodium aufschreiben. Fast jedes Land hat dann auch noch irgendein homöopathisches Zaubermittel parat. Zumindest in meiner Einbildung funktioniert es nämlich besonders gut, lokale Magen-Darm-Beschwerden mit lokalen Biowaffen zu bekämpfen, und weil ich es mir erfolgreich einbilde, klappt dies auch.

Weil wir gerade auf dem Klo sitzen: laufen Sie niemals ohne eigenes Klopapier durch die Welt. Vertrauen Sie nicht darauf, dass ausgerechnet dann, wenn Sie keines haben, ausnahmsweise mal welches vorhanden ist. Ich erspare Ihnen die Details von Ländern, in denen auch gar kein Toilettenpapier gebraucht wird, kann Ihnen aber versichern, dass es bisher noch nirgendwo verboten war, welches zu benutzen (solange man es in den richtigen Behälter entsorgt). Und es ist alles nicht so wild! Verzicht ist Luxus – wenn Sie fertig sind auf dem Stockwerksklo im Squatter-Stil, werden Sie die kalte Dusche danach gleich wieder etwas mehr genießen.

Übrigens: es ist fast nie nötig, auf heiße Duschen zu verzichten. Fragen Sie, egal in welchem Land, einfach vor dem Check-in, ob es heißes Wasser gibt. Fragen Sie in Indien außerdem, ob es bis in den zweiten Stock hochkommt… oder verzichten Sie bei 35 Grad im Schatten auf die heiße Dusche.

Auf solchen Reisen lernen Sie noch etwas, was Sie zu Hause womöglich selten nötig hatten: nennen wir es strategische Stuhlgänge. Wenn Sie Ihre grobe Tagesgestaltung im Kopf haben, dann vergessen Sie nicht, im letzten sauberen Restaurant, Museum oder Hotel Ihre größeren Geschäfte zu verrichten. Nachher verbringen Sie vielleicht 18 Stunden in einem indischen Liegewagen, und dort ist dies zwar nicht unmöglich, aber vielleicht auch nicht mehr ganz so kuschelig, wie es morgens noch gewesen wäre.

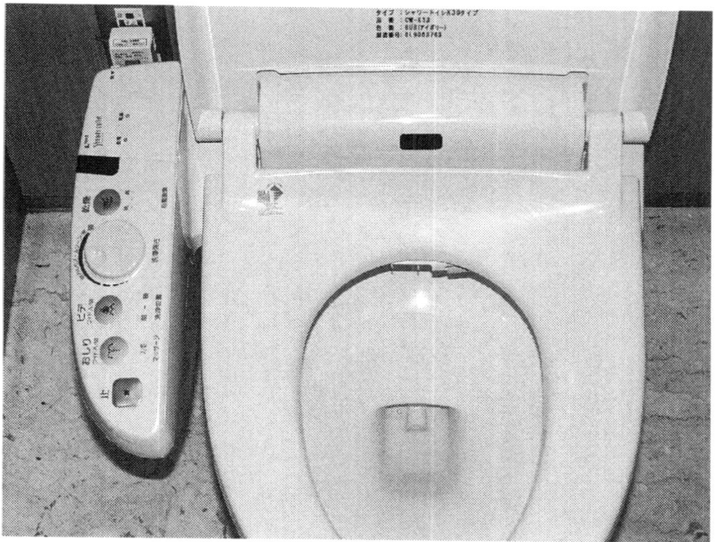

Die beheizte Klobrille ist einladend, die Popodusche gewöhnungsbedürftig.

Um dieses Kapitel zu einem sauberen Ende zu bringen, erzähle ich gerne auch vom anderen Ende der Skala: Toiletten in Japan – die allein sind eine Reise wert! Beheizte Klobrille, Popodusche warm und kalt, Gebläse stufenlos regelbar und auf Knopfdruck lautes Meeresrauschen, um Ihre eigenen Geräusche zu übertönen... Sie müssen dann nur noch die Schriftzeichen richtig deuten!

So kam ich bei Dunkelheit in Mokhotlong an, der letzten größeren Ortschaft vor dem berühmten Sani-Pass, der zurück nach Südafrika führte. Mein Ziel war von vornherein gewesen, im Land zu übernachten und so wenigstens etwas mehr zu erleben als die meisten Touristen, die ausgehend von den südafrikanischen Drakensbergen eine Tagestour hinauf auf den Sani-Pass machen und am selben Tag, natürlich mit Lesotho-Stempel im Pass als Trophäe, wieder zurück nach Underberg fahren. Nun war ich ja selbst im Turbomodus unterwegs, aber diese Vollbremsung in Mokhotlong war ein schöner Kontrast zu den Annehmlichkeiten Kapstadts. Ich wurde von einem Sammeltaxi direkt vor die einzige Unterkunft für Touristen gefahren und fand bald jemanden, der dafür einen Schlüssel hatte; es war ein großes leeres Gästehaus für Bau- oder Landarbeiter, ohne Personal, Lobby oder irgendwelche Infrastruktur, aber mit ein paar Räumen und jeweils 2-3 Betten darin. Zu trinken hatte ich nichts mehr, also nahm ich meine Taschenlampe und machte mich auf die Suche nach irgendeinem Kiosk, wie es sie eigentlich überall auf der Welt gibt. Es waren nicht mehr viele Leute unterwegs, aber einen konnte ich fragen, und er wies mir den Weg zu einem dunklen Schuppen, in dem angeblich Lebensmittel verkauft wurden. So war es auch, nachdem ich geklopft hatte. Denn offiziell war der Laden nicht mehr geöffnet. Es gab nur leider nichts außer Kilosäcke mit Reis oder Mehl. Nicht einmal Cola! Aber verblüffenderweise fand der Verkäufer Bier, handwarm und verstaubt und in Literflaschen namens Maluti abgefüllt, fast wie die Währung, die heißt Maloti. Damit ging ich sofort wieder in meine Stube, und genoss die lauwarme Flüssigkeit, während ich mir Gedanken über den nächsten Tag machte.

Am Busbahnhof von Mokhotlong, kurz vor sieben.

Der angeblich einzige Bus des Tages von Mokhotlong hinüber nach Underberg sollte gegen 7 Uhr morgens abfahren, aber bereits im Reiseführer stand geschrieben, dass diese Zeitangabe eher theoretisch war. Wie sagen die Afrikaner so schön: „Ihr Europäer habt die Uhren, wir haben die Zeit…" Dennoch wollte ich diesen Bus nicht verpassen und stand Punkt 7 am luftigen Busbahnhof, etwa eine halbe Wegstunde von meinem Etablissement entfernt und nicht ohne Nachfragen als Busbahnhof zu erkennen. Immerhin gab es dort einen Bus, der bereit stand noch am selben Tag den Sani-Pass zu bewältigen. Es war ein sehr schöner Morgen auf 2.200 Meter Höhe, die Luft über den Bergen war schneidig klar. Ein paar andere Minibusse kamen und verließen den erdigen Hof wieder, teilweise mit chinesischen Schriftzeichen an der Seite, nachdem sie dort wohl ausgemustert waren. Frauen mit bunten Hüten und Kindern im Rückenbeutel stiegen ein und aus, es wurden Säcke mit Obst und Hühnern verladen, und auch in meinem Bus saßen bereits nach wenigen Stunden genügend

Leute, um den Fahrer zum Starten zu bewegen. Nach ein paar Runden durch die kleine Ortschaft waren auch die letzten Plätze besetzt, und es konnte losgehen. Bis zur Grenze sahen wir ein paar kleinere Dörfchen mit charakteristischen Rundhütten, reihenweise Schaf- und Kuhherden, Männer auf Pferden, schwer mit Holz beladene Frauen, und wunderschöne, wenngleich karge Berglandschaften.

Ein Bewohner des South Luangwa Nationalparks, Sambia.

Aber eigentlich sah nur ich das alles, alle anderen Fahrgäste schliefen, unterhielten sich oder spielten mit ihren Handys. Die Grenze selbst ist unspektakulär bis auf die vielen Land Cruiser, die mit Tagestouristen beladen für den zwanzigfachen Preis den Pass heraufgefahren waren. Der Sani-Pass soll die drittsteilste Passstraße der Welt sein, ist natürlich nur mit Allradfahrzeugen befahrbar und knapp 3.000 Meter hoch. Drüben in Südafrika gab es nicht viel zu sehen, weil die Straße komplett in Nebel gehüllt war. So fiel mir die Entscheidung nicht schwer, von Underberg aus direkt in einen weiteren Minibus nach Pietermaritzburg – PMB – zu fahren, denn nun war ich wieder im Turbo-Reisemodus. Aber das ist eine andere Geschichte und soll an einem anderen Tag erzählt werden.

Elefanten kommen immer in allen Größen.

Fazit:

- Es gibt für jedes Klima geeignete Kleidung
- Busse und Hotels in tropischen Ländern gehören eigentlich zur Arktis
- Lieber zu viele Schichten dabei als zu wenige
- Klopapier ist nicht selbstverständlich
- Strategische Stuhlgänge verschönern den Tag

Mein persönliches Highlight:

- Wilde Tiere in allen Nationalparks

Machen:

- Township-Tour
- Shlushluwe-Nationalpark
- Drakensberge
- Great Karoo
- Wild Coast
- Braai

Meiden:

- Nachts über schlechte Nebenstraßen in Kwa-Zulu Natal rumpeln
- Keine Angst haben, aber Respekt und ein gesundes Bauchgefühl für potenziell gefährliche Situationen

Immer auf Nummer sicher!

„I should like to spend the whole of my in life travelling abroad, if I could borrow another life to spend afterwards at home."
William Hazlitt (1778 – 1830),
britischer Essayist und Schriftsteller

Ich würde meine obigen Tipps gegen Taschendiebstahl folgendermaßen ergänzen, sodass Sie die nötige Entspanntheit erlangen, um sich ein paar der sehenswertesten Flecken der Erde in Seelenruhe ansehen und diese genießen zu können.

Lassen Sie es zumindest nicht durch Fahrlässigkeit zu brenzligen Situationen kommen. Befolgen Sie die Ratschläge, die zu jedem Land zu finden sind. Wenn Sie vorher wissen, dass Sie sich in einer Stadt oder einem Land befinden, wo die informelle Umverteilung wesentlich zum Einkommen der Geringverdienenden beiträgt, dann lassen Sie alle Wertsachen im Hotelsafe außer dem, was Sie unmittelbar für Ihre Aktivitäten benötigen. Fahren Sie mit den richtigen Taxis, halten Sie sich da auf, wo jeder zweite eine Uniform trägt und verhalten Sie sich ansonsten genauso wie die Bewohner selbst. Haben Sie Respekt vor dem Land und seinen Gefahren, aber keine Angst. Sie kennen den bissigen Hund, der den Ängstlichen erst recht beißen wird, weil er dessen Angst spürt.

Zeigen Sie sich gelassen, nicht blauäugig. Bewegen Sie sich wie ein Fisch im Wasser, und vor allem, bewegen Sie sich, wenn Ihnen unwohl ist. Versuchen Sie, nicht verloren oder planlos auszusehen, selbst wenn Sie es sind. Wenn Sie irgendwo hineingelaufen sind, wo Sie den Ausgang nicht sehen können oder sich beobachtet, gar bedroht fühlen, drehen Sie sofort um und gehen Sie zurück, von woher Sie gekommen sind. Das gilt auch fürs Autofahren! Es ist ein sehr weit verbreiteter Fehler, lieber erst mal weiterzufahren, wenn man bereits festgestellt hat, dass man sich nicht mehr auskennt. Viele fahren in völlig unbekannten Gegenden noch zehn Kilometer weiter in der vagen Hoffnung, es könnte ja das alles erklärende Hinweisschild kommen, auf dem mehr oder weniger wörtlich steht, man sei ungefähr richtig. Tun Sie das nicht, das Schild kommt bestimmt nicht! Und schon gar nicht in Ländern, von denen Sie viel Schlechtes gehört haben. Stattdessen werden Sie ein Schild finden, auf dem sinngemäß steht: Sackgasse, bitte alles abgeben. Gute GPS-Wegführung kostet nicht mehr die Welt und funktioniert in immer mehr Ländern, um nicht zu sagen in allen, wo man überhaupt daran denkt, freiwillig Auto zu fahren.

Dieser Schulbus auf Dominica stand wohl zur falschen Zeit am falschen Ort (aber er soll leer gewesen sein).

Vorher einen Blick auf die Karte oder auf den Stadtplan zu werfen hat noch nie geschadet und ist im Zeitalter von GPS mindestens ebenso wichtig wie früher.

Entspannter sind Sie grundsätzlich, sobald Sie nicht allein unterwegs sind, egal ob zu Fuß oder im Auto. *Safety in numbers* ist kaum zu ersetzen und heißt so viel wie: als Tourist immer im Bündel auftreten. Wenn Sie allein reisen, tun Sie sich mit anderen Reisenden zusammen – das würden Sie vielleicht sowieso tun, um nicht jeden Abend allein essen zu müssen. Sie werden viele interessante Menschen kennen lernen und alle profitieren gemeinsam von der gestiegenen Sicherheit.

Wenn dann doch etwas passiert, leisten Sie vor allem keinen Widerstand. Fangen Sie nicht an zu verhandeln, auch wenn Sie es auf dem Basar zu großer Expertise gebracht haben, sondern zahlen Sie sofort den vollen Preis. Einen bissigen Hund können Sie vielleicht mit Ihrem Pfefferspray beeindrucken, aber nicht einen Betrunkenen, der Ihnen seine Pistole vorhält. Mit etwas Glück können Sie selbst in diesem Fall den Schaden minimieren. Führen Sie ein zweites Portemonnaie mit, füllen Sie es mit Kleingeld, abgelaufenen EC-Karten, und händigen Sie es ohne zu zögern aus. Sie dürfen dabei ein trauriges Gesicht machen, aber keine Schauspielerei.

Machen Sie sich vorher klar, wohin Sie besser nicht gehen oder fahren. Es gibt Schauergeschichten über Flughafen-Informationsbüros vor Städten wie Caracas, die dem ankommenden Backpacker einen Stadtplan aushändigen und mit Filzstift einkreisen, wo sie unter keinen Umständen hingehen dürfen. Der Witz ist, dass kein einziges Viertel mehr übrig bleibt. Auch wenn es so schlimm eigentlich nirgendwo ist, machen Sie sich vorher die Arbeit und holen Sie sich alle Informationen ein, die Ihnen zugänglich sind. Gehen Sie nicht in Vororte, wo Menschen gleichzeitig Waffen und nichts zu verlieren haben. Dort gibt es ohnehin nicht die ultimativen Highlights zu sehen, und selbst wenn Ihnen der allergrößte Teil der Bevölkerung nichts Böses will, sollten Sie es nicht darauf anlegen, in ein Kreuzfeuer zweier rivalisierender Clans zu geraten. In diesem Zusammenhang kann man auch erwähnen, dass die beeindruckenden Mordraten der in Verruf geratenen Länder wie Südafrika, Kolumbien oder Mexiko genau an diesen Stellen zustande kommen, wo Touristen in den aller seltensten Fällen Gründe haben herumzulungern. Das Gleiche gilt für Demonstrationen. In manchen Ländern, vor allem in Lateinamerika, kann man seinen Kalender schon vorher auf *Manifestaciones* einstellen, die kommen oft genau nach Neujahr oder Neuwahlen, wenn neue Preise oder Steuern festgesetzt wurden. Ich saß mal auf dem schönen baumreichen Platz vor der Kathedrale von Cuenca, Ecuador, und las ein Buch, als die friedliche Menschenmenge um mich herum plötzlich in Wallung geriet. Im selben Moment hatte ich den stechenden Geschmack von Tränengas in der Kehle. Wenn's nur das wäre, aber manchmal wird schärfer geschossen – wie wir gerade im Arabischen Frühling erleben konnten. Versuchen Sie so gut es geht nicht zur falschen Zeit am falschen Ort zu sein, bereiten Sie sich gründlich vor und vertrauen Sie ansonsten Ihrem gesunden Menschenverstand, dann werden Sie feststellen, dass es immer noch wunderbar ist, in Südafrika oder Mexiko Urlaub zu machen.

Wenn Sie hier zuschauen wollen, sollten Sie sich immer einen Fluchtweg parat halten: die Polizei ist kurz davor, mit Tränengas zu schießen.

Simbabwe

„Das wichtigste Stück des Reisegepäcks ist
und bleibt ein fröhliches Herz."
Hermann Löns (1866 – 1914),
dt. Journalist und Schriftsteller

Simbabwe 2009. Nur ein Jahr nach der großen Krise. Meine besser informierten Freunde zeigten mir den Vogel, als ich andeutete, ich wolle quer durch Simbabwe fahren, um von Südafrika nach Malawi zu gelangen. Wer weniger gut unterrichtet war, konnte mit dem Land rein gar nichts anfangen. Wer hingegen ab und zu Nachrichten gesehen oder gelesen hat, erinnerte sich an Schauergeschichten von geplünderten Supermarkt-Regalen, Generalstreiks, Hyperinflation und einem Autokraten, der es sich mit einem ganzen Volk und der Weltgemeinschaft gleichermaßen verscherzt hat. „Geh da nicht hin", sagten sie, „dort kriegst du die Cholera! Wenn du nicht vorher von Macheten zerschnibbelt wirst...". In der Tat stand im Reiseführer, dass es durchaus möglich sei, auf der Straße einen Hundert-Zillionen-Dollar-Schein zu finden. Diesen möge man aber tunlichst nicht aufheben, wenn man die Cholera vermeiden möchte.

Mein Busticket nach Simbabwe kaufte ich mir in Pietermaritzburg, Südafrika. Wer cool ist oder Zeit sparen möchte, der sagt PMB. Eigentlich waren es zwei Tickets, zuerst ein Bus nach Pretoria, und von dort ein Nachtbus nach Bulawayo, der zweiten Stadt Simbabwes neben der Hauptstadt Harare.

Der Verkäufer sagte ziemlich skeptisch „mit diesem Bus wollen Sie nicht fahren!" – „Warum denn nicht?" – „Mit dem fahren doch nur Schwarze!" Wohlgemerkt, der Verkäufer war selbst schwarz, sodass ich nur achselzuckend grinste, dass mir das nichts ausmache. Jedenfalls hielt ich ziemlich zufrieden die beiden Bustickets in der Hand, denn bis Bulawayo zu fahren in einem Rutsch, dazu während der Hauptreisezeit, hätte ich kaum zu hoffen gewagt. Ich mag diese Gewissheit sehr, sich für 24 Stunden um nichts anderes mehr kümmern zu müssen als um Essen und Trinken. Sicher, das hat man auch auf einer All Inclusive-Reise, aber da fehlen all die kleinen Schwierigkeiten und Unwägbarkeiten, die Entscheidungen, die man treffen muss, um am Ende besonders glücklich auf den Urlaub zurückzublicken und zu denken: „alles richtig gemacht!“ So saß ich gegen 10 Uhr in einem bequemen Reisebus, packte mein zweites Frühstück und mein Lesebuch aus und ließ die verregnete Stadt entspannt einer sonnigen Hügellandschaft weichen.

Versorgungsstopp auf einem staubigen Busbahnhof in Simbabwe.

Mosi-oa-Tunya, die Victoria Falls zwischen Sambia und Simbabwe sind ein erhebender Anblick.

Besonders erwartungsvoll schaute ich kurz vor Johannesburg aus meinem Fenster, denn halb erwartete ich, direkter Zeuge von Mord und Totschlag zu werden, so schlimm war und ist der Ruf der Stadt in Sachen Kriminalität. Stattdessen sah ich, nicht minder interessant, die gigantischen Maulwurfshügel der Goldminen rund um die Stadt, und irgendwie konnte man sich die Goldgräberstimmung noch vorstellen. Eine gute Stunde dauerte der Aufenthalt im Zentrum, während der ich nur kleine Kreise rund um den Busbahnhof zog. Niemand wollte mich ausrauben. Außer Hochhäusern gab es nicht so wahnsinnig viel zu sehen. Gerne zog ich mich auf meinen Fensterplatz zurück und wurde das verbleibende Stück nach Pretoria gefahren. Offiziell hatte ich dort drei Stunden Zeit, bis der Nachtbus nach Simbabwe abfahren würde. Und die nutzte ich mit großem Ehrgeiz aus, zumindest einen guten Eindruck wollte ich mitnehmen aus der Hauptstadt, die nicht mehr Pretoria heißt, sondern Tshwane. Südafrika ist neben

Russland das zweite große Land, das seine Vergangenheit symbolisch durch die Änderung von Städtenamen vergessen machen will. Pünktlich kam ich zurück zum Busbahnhof, an dem inzwischen die Hölle los war. Viele alte Busse verschiedener Gesellschaften wurden beladen, fast alle fuhren über Nacht nach Simbabwe. Meiner sollte aus Johannesburg kommen, dort hätte ich schon einsteigen können. Während dieser Zeit unterhielt ich mich mit einem Simbabwer, der blendend Englisch sprach. Er war Lehrer in Pretoria und fuhr, wie alle anderen, über die Weihnachtsferien nach Hause zu seiner Familie, die er, wie alle anderen, seit genau einem Jahr nicht mehr gesehen hatte. Während und nach der katastrophalen Lage sind viele gut ausgebildete Simbabwer in die Nachbarländer ausgewandert, um Arbeit anzunehmen. In einem Land wie Südafrika gibt es aus diesem Grund große Spannungen, denn die Gastarbeiter sind oft deutlich gebildeter und gleichzeitig billiger als die eigene Bevölkerung. Simbabwe beziehungsweise Südrhodesien war vor einiger Zeit immerhin Englands Liebling in der Region. Mit etwa zwei Stunden Verspätung war mein Bus da, zwischendurch war ich in einen falschen, völlig überfüllten Bus gestiegen. Es war heiß drinnen wie draußen, trotz der 1300 Meter Höhe. Ich bekam meinen Sitzplatz zugeteilt, völlig unerwartet in dem Gewirr, als ich schon dachte, dreißig Leute müssten stehen für die nächsten 12 bis 18 Stunden. Niemand musste stehen, jeder Platz war mit genau einer Person besetzt, und nachdem ich meine Knie teleskopartig eingefahren und gefaltet hatte, atmete ich aus und dachte, jetzt kann's losgehen – Simbabwe ich komme!

Wie zu befürchten, war die einzige Grenze zwischen Südafrika und Simbabwe dem Ansturm der Heimreisenden nicht gewachsen. Die Ausreise ging noch recht zügig, aber für die Einreise stand die Menschenschlange kilometerlang, die Autos, Busse und Pickups noch länger. Es dauerte sechs Stunden, bis ich an die Reihe kam und mein Visum kaufen konnte.

Grenzübergang Beitbridge: die Weihnachtsheimreise von Südafrika bedeutet sechsstündige Wartezeiten...

So schlimm war die Zeit des Wartens gar nicht, denn es gab ziemlich viel zu sehen und zu erleben, inklusive einem Personenunfall, bei dem eine junge Frau, vermutlich hatte sie geschlafen, aus dem Kofferraum eines anfahrenden Kombis fiel und vom eigenen Anhänger überrollt wurde. Als wäre das nicht schlimm genug, wurde ich Zeuge der Hilflosigkeit der mindestens 100 herbeieilenden Helfer, die nicht viel mehr machen konnten, als mit schmutzigen Taschentüchern die Schürfwunden zu tupfen. Einen Krankenwagen oder professionelle Hilfe sah ich nicht. Entweder kam niemand durch, oder konnte nicht einfach in das Niemandsland zwischen den Grenzen fahren. Auch war ich die ganze Zeit über nicht allein in der Schlange, sondern unterhielt mich mit meiner Sitznachbarin aus dem Bus, einer jungen Sambierin, die unterwegs war zu ihrer Arbeit an den Viktoriafällen. Außerdem nutzte ich die Zeit, mich innerlich für ein Double Entry Visa zu entscheiden, weil ich mir nach einer Safari in Sambia vielleicht noch einmal die Simbabwe-Seite der Vic Falls anschauen wollte. Double Entry kostete 80 Dollar, zweimal Single Entry 100 Dollar: 20 Dollar gespart, und vor allem eine wertvolle Seite im Pass!

...aber richtig langweilig wird's nie, und schon ist die Grenzstation in Sicht.

Der Grenzbeamte war weder genervt noch unfreundlich oder langsam, sondern sehr verbindlich und hilfreich. Das war meine erste positive Überraschung in Simbabwe und viele mehr sollten folgen. Denn ab der Grenze lief alles wie am Schnürchen, und Simbabwe entpuppte sich als eines der erstaunlichsten und unkompliziertesten Länder meiner Reisen. Auf die Hyperinflation von 2008 – am Ende wurden die Preise täglich verdoppelt, was einer Preissteigerung von 90 Trilliarden Prozent entsprach – folgte die Einführung des US Dollars. Wieder zurück auf der Straße. Der Verkehr floss zivilisiert dahin, Kinder gingen in die Schule, die Menschen waren gut angezogen, und am wichtigsten überhaupt, jeder strahlte einen unbändigen Optimismus aus. Wenn es eines Beweises bedurft hätte, dass alles Lebensglück relativ ist, die Simbabwer haben ihn erbracht. Mugabe war noch nicht mal zurückgetreten oder gestorben, trotzdem ging es steil bergauf mit dem Land. Ich sah meine allerersten wilden Zebras, abends traf ich ein paar weitere Reisende, mit denen ich die geheimen Ecken Bulawayos unsicher machte, ohne dass wir uns je unsicher fühlten. Ein paar Tage später fuhr ich nach Great Zimbabwe, um mir die Ruinen der weitest entwickelten Hochkultur südlich der Sahara anzusehen. Am Abend traf ich Einheimische, die hochgebildet waren und mir beim Bier nicht nur alles über den FC Arsenal erzählen konnten, sondern auch, dass die Mutter von Coldplay aus Simbabwe stamme und warum die Zukunft Südafrikas inzwischen düsterer aussähe als die von Simbabwe. Und am Ende fuhr ich nach Harare, einer feinen und erlebenswerten Hauptstadt. Es ist mir beinahe peinlich das zu sagen, aber nichts ist gefährlich in diesem Land. Am Ende hielt ich sogar einen 200-Trillionen-Dollar-Schein in der Hand und bin bis heute nicht an Cholera erkrankt. Es war einer der letzten Scheine, die gedruckt worden waren, aber nicht mehr in Umlauf gebracht wurden. Ich gab einem Straßenhändler 5 harte US Dollar für diesen seltenen Schein. Der war sogar so selten, dass ihn viele konkurrierende Straßenhändler gar nicht kannten, als sie mir an den Viktoriafällen stolz 100-Trillionen-Dollar-Scheine anboten. Nein danke, sagte ich, ich habe schon 200 Trillionen.

Fazit:

- Simbabwe hat vielleicht das Schlimmste schon hinter sich und steht an der Schwelle zum goldenen Zeitalter

Mein persönliches Highlight:

- Der Optimismus der Menschen, obwohl sie ihre Familienväter teilweise nur zu Weihnachten sehen

Machen:

- Bulawayo mit Matobo Hills National Park
- Great Zimbabwe
- mit Menschen reden

Meiden:

- einen großen Bogen um das Land zu machen – es hat jede Aufmerksamkeit verdient

Kratz ich dir deinen Rücken, kratzt du mir meinen.

Armut und Elend - nicht wegsehen!

„Wer einem Fremdling nicht sich freundlich mag erweisen,
der war wohl selber nie im fremden Land auf Reisen."
Friedrich Rückert (1788 – 1866),
deutscher Dichter

Ein schwieriges Kapitel. Aber definitiv Teil Ihrer Reisen – wenn Sie in einer Scheinwelt ohne Armut leben wollen, müssen Sie Utopia buchen. Denn nirgendwo ist die relative Armut größer als direkt hinter den Fassaden der Glitzerhotels und direkt hinter dem Anlegesteg der Celebrity Cruises. Also gehen Sie lieber mit der vorhandenen Armut richtig um, dann haben alle etwas davon. Von Armut zu unterscheiden ist Elend. Elend ist die Armut, die wirklich weh tut, dem Betroffenen wie dem Betrachter, wenn vorhandene Armut noch durch Hunger und miserable, menschenunwürdige, unhygienische Lebensverhältnisse ergänzt wird.

Es wurde ja schon mehrfach gesagt: Alles ist relativ, und nichts ist relativer als Armut. Was wir als Armut bezeichnen, ist der Mangel an materiellen Gütern, die ein lebenswertes Leben ermöglichen. Nun ist ein lebenswertes Leben in Mitteleuropa etwas anderes als in Bangladesch oder Malawi. Wer bei uns als arm gilt, wäre in den letztgenannten Ländern ziemlich wohlhabend. Umgekehrt sind praktisch alle Ostbengalen für unseren Maßstab arm. Aber darum geht es nicht. Die schlimme Armut ist nicht, dass eine Familie aus Simbabwe sich einen Urlaub am Gardasee nie wird leisten können, sondern dass ihr Vater mangels Jobs in der Heimat in Südafrika arbeiten muss und seine Familie nur noch einmal im Jahr sieht, dass die Kinder keine Chance auf gute Bildung haben, obwohl sie vielleicht intellektuell zu allem fähig wären, dass die Mutter durch eine Transfusion HIV erworben hat. Damit wird man konfrontiert, wenn man die Augen aufmacht.

Direkt in Sichtweite des berühmten Taj Mahal Hotels in Bombay sieht die Welt ganz anders aus.

Und das ist auch der erste Ratschlag: Machen Sie die Augen auf! Begreifen Sie, dass alle Menschen, die Sie sehen, Menschen sind, die leben und sich verwirklichen wollen, denen die gleiche abstrakte Bedürfnispyramide zugrunde liegt wie Ihnen. Versuchen Sie festzustellen, was diese Menschen haben und was sie nicht haben. Möglicherweise spielen und lachen die Kinder (ziemlich sicher tun sie das!) und machen zwar einen armen, aber keinen zutiefst unglücklichen Eindruck. Allein Ihre Anwesenheit im armen Land ist eine winzige Hilfe, denn Sie bezahlen für das Essen, das Sie sich kaufen, für die Übernachtung, für Transport und Eintritte. Schenken

Sie dazu ein Lächeln – es ist überwältigend, wie ehrlich Menschen aus diesen Ländern zurücklächeln! Seien Sie bescheiden und neugierig, zeigen Sie Fingerspitzengefühl und Interesse. Erzählen Sie dem Ticketverkäufer oder der Frau im kleinen Hotel, warum Sie ausgerechnet dort sind und wie es Ihnen gefällt. Sie werden sowieso gefragt. Natürlich gefällt es Ihnen gut! Sie sind ja hier im Urlaub, Sie sind mit Absicht nach Simbabwe gefahren, weil Sie es sich anschauen wollten. Ein großartiges Land, aber Sie wollen mehr darüber wissen. Das ist nicht nur Autosuggestion. Sie sollen von zu Hause erzählen – auch ein großartiges Land, aber völlig anders. Und so weiter.

Einer der vielen Slums von Manila.

Beschäftigen Sie sich vorher und nachher mit dem Land: warum ist es arm? Wie ist die Geschichte zu verstehen? Wie sind die Aussichten, politisch, wirtschaftlich? Sie brauchen keinerlei Missionierungseifer oder ständig Ihre Schatulle öffnen, Ihre bloße Anwesenheit ist positiv. Wenn Sie sich in dieses Land und seine Menschen verlieben (das kann in Afrika leicht passieren), dann finden Sie daheim heraus, wie man ihm weiterhelfen kann. Vielleicht unterstützen Sie eine Schule –

Bildung ist die Basis, die Ursuppe für alle Verbesserungen. Nur eine gebildete Nation kann von innen heraus Korruption bekämpfen, sich gegenüber äußeren Interessen behaupten, die Umwelt schützen.

Wer sich in Rumänien noch keinen alten Dacia leisten kann, nimmt immer noch die Kutsche.

Aber am Ende sogar dieses Kapitels dürfen Sie egoistisch sein: Wenn Sie sich wirklich mit der Armut auseinandergesetzt haben, mit den Menschen gesprochen und sich ehrlich für sie interessiert haben, haben Sie für sich selbst etwas Großes gelernt, nämlich was wirklich wichtig ist im Leben. Es wird Ihnen früher oder später passieren, dass Sie sich zu Hause wieder über irgendein typisches kleines Alltagsproblemchen ärgern, sei es, dass Ihnen jemand die Vorfahrt nimmt oder dass Ihnen der Zug zu voll ist. Und vielleicht werden Sie sich daran erinnern, wie die spielenden Kinder unter der roten Sonne lachten, oder was der Vater über seine Pläne erzählt hat, als er neben Ihnen im völlig überfüllten Bus aus Johannesburg saß. Setzen Sie dann noch alle Ihre Probleme und

Sorgen in ein gesundes Verhältnis mit den Problemen und Sorgen der übrigen 97 Prozent der Menschheit, und üben Sie Gelassenheit. Weigern Sie sich fortan, sich über unsere Alltagssorgen aufzuregen – davon verschwinden Sie nämlich nicht, sondern machen nur unglücklich. Lernen Sie mit vermeintlichem Stress in der Arbeit oder außerhalb umzugehen, weil Sie wissen, auf welchem Niveau Sie sich befinden. Wir Deutschen jammern auf allerhöchstem Niveau, wissen es aber nicht. Der Wohlstand, den wir heute haben, ist nicht das Ergebnis von Magengeschwüren, sondern leider ist es umgekehrt. Und das muss nicht sein.

Indochina

„Man reist nicht, um andere Orte kennen zu lernen, sondern um sich anderen Situationen auszusetzen.“
Michel de Montaigne (1533 – 1592), franz. Politiker und Philosoph

Diese Länder (Vietnam, Kambodscha und Laos) sind natürlich überhaupt nicht gefährlich, Krethi und Plethi fahren inzwischen dorthin. Aber am Beispiel Vietnam kann man wunderbar das Phänomen Straßenverkehr erklären. Straßenverkehr ist überall gefährlich, wo es ihn gibt. In einer bolivianischen Salzwüste werden Sie wahrscheinlich nicht vom Bus überfahren, auch wenn Sie versäumen, nach rechts und links zu schauen. In München, Melbourne, Hamburg oder Hanoi dagegen schon. Man stellt sich auf das ein, was einen bedroht.

Einer der vielen Tempel in Luang Prabang, Laos.

In keinem Land der Welt sollte man die Risiken des Straßenverkehrs unterschätzen. In Ländern mit Linksverkehr erst recht nicht, und das sind viele. Laut Wikipedia fährt jeder dritte Erdenbürger theoretisch links. Gerade erst hat die Inselrepublik Samoa von Rechts- auf Linksverkehr umgestellt. Ein Grund war, dass sämtliche Inseln in der Region links fahren. Zum anderen fahren alle Länder, von denen sie ihre Fahrzeuge importieren, wie Japan, Australien, Neuseeland, auch auf der falschen Seite – also links. Samoa hatte übrigens nur deshalb Rechtsverkehr, weil es vor dem Ersten Weltkrieg kurz eine deutsche Kolonie war. Also, der Blick in beide Richtungen ist nicht nur in Kontinentaleuropa ein überlebenswichtiger Tipp, sondern muss angesichts der verschiedenen Richtungen, aus denen man in anderen Ländern bedroht wird, in Fleisch und Blut übergehen.

Überqueren Sie diese Straße… nicht genau jetzt.

Lieber ein paar Mal mehr geschaut als ins Verderben gerannt. Dies ist umso wichtiger in Städten, in denen „alles fließt“, da es dort sehr verlockend ist, es den Einheimischen gleich zu tun und Straßen beliebig zu überqueren. Wo Sie sich nicht trauen, eine größere Straße zu überqueren, gehen Sie den Umweg zur nächsten Fußgängerampel, -brücke oder -unterführung. Und wenn es eine Ampel ist, schauen Sie trotzdem zu beiden Seiten: nicht jedes Moped fühlt sich von einem Rotsignal persönlich angesprochen.

Da laufen schon welche, als könnte es jetzt klappen.

Auf der anderen Seite ist es erstaunlich, wie wenig schließlich doch passiert: in den angesprochenen Ländern, in denen „alles fließt“, haben Auto- und vor allem Motorradfahrer eine Gabe, die vielen Mitteleuropäern, und besonders den Deutschen, abhanden gekommen zu sein scheint: sie behandeln jeden anderen Verkehrsteilnehmer so, wie sie selbst gern behandelt werden wollen. Sie rechnen mit unvorhergesehenen Ereignissen und Fehlern, können jederzeit ausweichen ohne mit Dritten zu kollidieren, weil sie den peripheren Blick perfektioniert haben und Bewegungen in Richtung und Geschwindigkeit korrekt einschätzen können. Wer es fertig gebracht und Spaß daran gefunden hat, in Ho-Chi-Minh-Stadt eine vierspurige Straße zu überqueren, weiß genau, was gemeint ist: man muss mit möglichst konstantem Tempo gehen und darf dabei bloß nicht zögern, dann wird auf wundersame Weise nichts passieren. Denn die fünftausend Mopedfahrer erkennen, dass jemand weiß, was er tut, dass er nicht unangekündigt stehen bleibt, und sie werden elegant vorne und hinten an Ihnen vorbeiflitzen.

Auch auf Straßen kann man viel über Land und Leute lernen.

Alles fließt. Werden Sie ein Teil des Verkehrsstroms. Einfacher wird es, wenn Sie sich an andere Straßenüberquerer oder Gegen-den-Strom-Schwimmer hängen. Denn vier oder fünf davon werden noch seltener über den Haufen gefahren als Sie allein. Und wo noch Fahrzeuge ins Spiel kommen, die quer zur Fahrtrichtung stehen, etwa weil sie abbiegen oder einfach nur dort parken, stellen Sie sich dazu oder bewegen Sie sich mit, denn seitwärts kann dieses Fahrzeug Ihnen noch nicht mal mit krimineller Energie gefährlich werden.

Wir Deutschen glauben, diesen Blick und auch diese Mentalität im Straßenverkehr nicht mehr nötig zu haben. Wir fahren nach dem Motto: wenn's rot ist, bleiben wir stehen, und wehe, jemand schert knapp vor mir ein, dem zeige ich, wer die lauteste Hupe hat. Darum nennen wir das, was sich in anderen Ländern auf Straßen abspielt, Chaos. Dabei passieren bei uns viel dümmere Unfälle, weil mal wieder zwei Rechthaber auf ihrem Recht bestanden haben.

Dieser Transporter in Tibet hat irgendetwas falsch gemacht.

Nichtsdestotrotz sind Verkehrsunfälle eine der größten Gefahren in so ziemlich allen interessanten Reiseländern. Die größten vorausschauenden Fähigkeiten und die konstruktivste Mentalität nützen wenig, solange die Fahrzeuge in einem desolaten Zustand und teilweise hoffnungslos überladen sind; sie können weder so gut geradeaus fahren noch bremsen wie der deutsche TÜV es sich wünschen würde. Im Falle des Unfalls bieten solche Fossilien auch keinen nennenswerten

Schutz; Sicherheitsgurte sind nicht nur uncool, sondern werden ausgebaut, ebenso wie Tachowellen. Dies führt zu einer permanenten Bedrohung durch Verkehrs-Schrott. Vor allem, wenn das kombiniert ist mit extrem schlechten Straßen, dem manchmal nicht zu unterdrückenden Geschwindigkeitsrausch, weil zum Beispiel viele Berufsfahrer nach Passagierkilometern bezahlt werden und nicht nach Stunden, mit oder ohne Alkohol im Blut, dazu hoffnungslos überladen sind. Aber wie gesagt, das gilt im Prinzip auch zu Hause. Im Urlaub sind aus guten Gründen ohnehin alle Sinne geschärft, sodass Sie idealer Weise keinen Schritt in die falsche Richtung machen.

Einmal passierte es auch mir: ich fuhr seit einer Woche mit einem geliehenen Fahrrad durch Peking und hatte mich ganz gut an die allgemeinen Verhältnisse gewöhnt. Es war sogar manchmal ein Genuss, durch die Hauptstadt zu fahren: Ich hatte eine beinahe smogfreie Zeit erwischt, die Fahrradspuren waren dreimal so breit wie in Europa und nur selten verirrten sich Harakiri-Autos oder -Motorräder darauf. Manchmal konnte man sogar ganz lässig eine achtspurige Straße diagonal überqueren, solange man sich von der Obrigkeit nicht einschüchtern ließ. Immer mit geschärften Sinnen versteht sich!

Diesem Umstand hatte ich es auch zu verdanken, dass ich den Crash bereits kommen sah, bevor er geschah: der Fahrer eines alten Santana wollte aus einer Nebenstraße in die Hauptstraße abbiegen und schaute dabei überall hin, nur nicht auf den zuerst zu querenden Fahrradverkehr. Es war auch außer mir kein Zweirad in der Nähe, aber aus Luft war ich deshalb noch lange nicht. Ich hätte vielleicht sogar bremsen können oder irgendwohin ausweichen, aber in dem Sekundenbruchteil entschied ich mich fürs dynamisch-elegante Absteigen im Moment des Aufpralls. Wie ich das fertigbrachte, weiß ich auch nicht mehr genau, jedenfalls stand ich plötzlich vor dem Auto, der Drahtesel lag zwischen uns und war heftig verbogen. Ich war mir keiner Schuld bewusst, der leicht verdatterte Chinese anscheinend auch nicht. Offenbar eine sehr alltägliche Szene, also machte ich auch keine daraus. Ich hob das Rad auf, murmelte noch so etwas wie „Blödmann“ und schob es zurück zu meinem Hostel, zu dem es zum Glück nicht mehr weit war.

Was haben wir daraus gelernt? Es bedarf keines sechsten Sinns, wenn man alle anderen Sinne bei sich hat und auch mal den unfähigen Autofahrern in die Augen schaut. Am besten wissen Sie immer schon vorher, was als Nächstes passiert (Antizipation), dann leben Sie nicht nur länger, sondern bewegen sich insgesamt souveräner durchs Chaos ebenso wie durch die Heimat.

Wenn Sie selbst fahren, passen Sie sich ruhig an das Durchschnittstempo des Landes an, aber vielleicht eine Idee defensiver. Auf diese Art werden Sie immer noch viel schneller sein als rechtlich erlaubt.

Fahren Sie vor allem nicht schneller als Ihr Schutzengel fliegen kann. Wie Sie mit Polizeikontrollen umgehen, nachdem Sie, wie jeder andere, mit siebzig durch ein kleines Dorf gebrettert sind, erzähle ich Ihnen an einer anderen Stelle.

Es gibt Schlaglöcher, die sieht man schon von weitem.

Versuchen Sie auch nicht, auf üblen Schlaglochpisten mit koreanischen Mini-Mietautos hinter ausgewachsenen Allrad-Trucks herzuhecheln. Deren Achsen sind anders ausgelegt als Ihre. Lassen Sie ruhig alles überholen und warten Sie, bis der Staub sich gelegt hat. Namibische Schotterpisten sind der siebte Himmel im Vergleich mit mosambikanischen Schlaglöchern, die aus dem Nichts kommen und kleine Autos glatt aus dem Verkehr ziehen, erfordern aber wegen ihrer Querrillen und meist losen Fahrbahnbegrenzung ein paar spezielle Fahrtechniken, die Sie langsam üben sollten.

Nachts fahren ist in vielen Ländern keine gute Idee. Bereits in Rumänien oder Bulgarien sind weder Schlaglöcher noch Pferdekarren beleuchtet. Das wird in ärmeren Ländern auch noch eine Weile so bleiben.

Falls Sie irgendwo mitfahren, dann behalten Sie stets im Hinterkopf, dass Aussteigen eine erlaubte Option ist! Insbesondere Fahrer von Überlandbussen oder Minibus-Taxis gehen manchmal Risiken ein, die vielleicht Ihr persönliches Sicherheitsbedürfnis überstrapazieren. Sie verlieren nicht Ihr Gesicht, wenn Sie im nächsten Dorf aussteigen. Fraglich ist natürlich, ob der nächste Bus nicht noch schlimmer durch Schlaglöcher oder Kurven rumpelt. Schätzen Sie auch die Sicherheit anderer Verkehrsmittel ein: wenn die Speedboats auf dem oberen Mekong in jedem Reiseführer einen schlechten Ruf haben, überlegen Sie sich gut, ob Sie nicht doch Lust auf das gemächliche Slowboat haben, das vielleicht einen Tag länger fährt, dafür aber die Größe des Stroms erst richtig erkennen lässt. Oder wenn die Nachtfähre vor Sulawesi so aussieht, als würde sie wegen Überladung beim kleinsten Windstoß kentern, denken Sie über Alternativen nach.

Und wenn Sie sich den Luxus leisten, einen Fahrer nur für sich zu engagieren, was zum Beispiel in Indien eine gängige Art der Fortbewegung ist, machen Sie ihm gleich zu Beginn klar, dass Sie es nicht eilig haben. Er wird von Ihnen für die Sicherheit bezahlt und nicht für die Geschwindigkeit.

Hier noch einmal die wichtigsten international gültigen Verkehrsregeln:

- Alles fließt. Man sollte entspannt mitfließen.
- Im Straßenverkehr kommt alles aus allen Richtungen.
- Verkehrsregeln sind Kann-Regeln, im Zweifel gilt das Recht des Stärkeren oder des Schnelleren.
- Pferde und Esel, Fahrräder und manchmal auch Lieferwagen haben nicht immer Rücklichter.

Bin ich wieder abgeschweift, aber schließlich sollen Sie in einem Stück die Heimreise antreten.

Tam Coc ist eine der schönsten Landschaften Vietnams, so eine Art Ha Long Bay im Reisfeld.

Über Vietnam lässt sich sonst noch sagen, dass es eines der schönsten Reiseländer überhaupt ist, nebenbei ein wirtschaftliches Powerhouse. Hanoi ist eine außergewöhnliche asiatische Hauptstadt. Es eignet sich ideal für Anfänger unter den Individualreisenden. Man kann sich mit Backpackerbussen für wenig Geld unabhängig durch das schöne Land fahren lassen und kommt innerhalb dieser touristischen Highways locker mit Englisch durch. Man muss dabei nicht mal viele Vietnamesen treffen, wenn man nicht will, es rennen hunderttausend Landsleute durch die Gegend… aber was ich davon halte, wissen Sie ja.

Tankstelle (wörtlich) in Kambodscha.

Von Kambodscha kann ich noch eine erdige Geschichte erzählen: Ich saß im *Khaosan-Bus* von Bangkok nach Siem Reap, also von Thailand bis zum Brückenkopf zu den Angkor-Tempeln. *Khaosan-Bus* heißt er deshalb, weil man einen solchen Bus nur auf der Khaosan Road in Bangkok finden kann – 10 Dollar kostete damals diese Fahrt. Davon ging es in gefühlt nur zwei Stunden bis zur kambodschanischen Grenze, aber anschließend etwa acht Stunden über eine Sandpiste. Die schmalen Brücken waren aus Beton. Vor jeder dieser Brücken sowie bei jeder Form von Gegenverkehr musste gebremst werden, so dass der vom eigenen Bus aufgewirbelte Staub den kompletten Innenraum trotz schnell geschlossener Fenster derart durchdrang, dass man buchstäblich die Hand vor Augen nicht mehr sah. Ich konnte es nur mit viel Humor nehmen. Wir bildeten uns ein, dass es weniger schlimm sei, durch die Nase zu atmen als durch den Mund, grober Staub wird angeblich von den Nasenhärchen festgehalten, wie uns nachher der Inhalt der Taschentücher bestätigte. Oder man hielt drei Minuten lang die Luft an.

Einer der vielen verzauberten Nebentempel im riesigen Areal von Angkor.

Dass außerdem kein Bus eine Federung hatte, trug ebenso zu unserer fatalistisch-guten Stimmung bei, wie die Tankstellen, die aus einem Blechfass mit einer Handpumpe bestanden, und die kambodschanische Bauern, die als Feldbegrenzungen sorgen- und gedankenlos Minenwarnschilder aus den 80ern benutzten. Vielleicht auch inklusive der Minen. Wir haben es nicht ausprobiert. Wie manchmal zu lesen ist, sind Unfälle auf dieser Route nicht selten und häufig fatal, weil fachkundige Hilfe im schlimmsten Fall erst nach vielen Stunden eintrifft.

Acht Gegenstände dürfen buddhistische Mönche besitzen, das Telefon war sicher nur geliehen.

Die nächste Etappe nach unseren drei Tagen Angkor war ebenfalls für eine kleine Überraschung gut: diesmal sollte es mit einem Schnellboot über den Tonle Sap, Südostasiens größten Süßwassersee, und dessen Abfluss bis zur Mekongmündung in Kambodschas Hauptstadt Phnom Penh gehen. Ohne den Staub also. Das Boot war eine Rakete aus der Sowjetunion, der man das Schwimmen beigebracht hatte, während sie aus dritter oder vierter Hand nach Kambodscha geschafft wurde. Innen war Raum für etwa 60 Personen, die aber mehrheitlich oben auf dem Dach saßen und sich die Sonne auf den Bauch scheinen ließen.

Tierische Logistik auf Vietnamesisch.

Ebenso viel Raum nahm die Maschine ein: ein massiver Zwölfzylinderdiesel japanischer Herkunft. Entsprechend ging die Post ab. Bis plötzlich die Maschine stoppte. Mitten im See. In Südostasiens größtem Süßwassersee. Die Stille wirkte beruhigend, die Distanz zum kaum sichtbaren Ufer weniger. Die meisten Backpacker an Bord blieben gelassen und lagen oben auf dem Dach herum. Nur ein Franzose wagte es, sich den Schaden mal anzusehen, offenbar hatte die Steuerbord-Einspritzpumpe ihren Geist aufgegeben. Er hantierte gemeinsam mit einem Besatzungsmitglied eine gute Stunde mit schweren Schlüsseln an der Pumpe herum, bis er komplett ölverschmiert wieder zum Vorschein kam. Der erste Motorstart gelang. Zum Glück! Ich fand es schade, dass er nicht gebührend als Held gefeiert wurde, stattdessen ging es mit halber Kraft weiter, bis uns ein Schwesterschiff entgegen kam, um uns an Bord zu nehmen. Damit fuhren wir dann die verbleibenden Stunden wieder mit beinahe Überschallgeschwindigkeit bis Phnom Penh...

Fazit:

- Chaotischer Verkehr ist Teil des Gesamtkunstwerks
- Alles ist relativ

Meine persönlichen Highlights:

- Angkor Wat – mindestens zwei Tage und auch raus ins Hinterland, z.B. mit Moped oder Fahrrad
- Hanoi – eine der tollsten Hauptstädte Asiens
- Mekong Delta – auch hier mindestens eine Übernachtung einplanen

Machen:

- Lernen, wie man eine vietnamesische Straße am besten überquert
- Sich mit der jüngeren kambodschanischen Geschichte beschäftigen und ins Genozidmuseum gehen
- Auf die richtigen Märkte gehen, wo frittierte Insekten verkauft werden

Meiden:

- ...oder zumindest gut überlegen, ob man das Speedboat auf dem oberen Mekong (Laos) nehmen möchte – man hört und liest von einigen Unfällen

- In Vietnam von jeder Tour immer nur die billigste aussuchen – die Preise sind ein Witz und der Service bzw. die Freundlichkeit (womöglich auch die Sicherheit) bleiben häufig auf der Strecke

Alles böhmische Bahnhöfe?

„Ein gutes Wörterbuch ist in der Fremde mehr wert als ein Schwert."
Verfasser unbekannt

Erinnern Sie sich noch an die Zeit, als Sie knapp zwei Jahre alt waren? Nein? Dann fahren Sie doch mal nach China und versuchen Sie, auf dem Bahnhof einer unbedeutenden Millionenstadt (nicht die touristischen Top Ten) ein Zugticket in eine noch unbedeutendere Millionenstadt zu erwerben. Rein sprachlich kommen Sie dann so ungefähr hin. Das Gute an diesem Vergleich ist: wenn Sie diese Zeilen lesen, haben Sie die Sprachbarriere Ihrer frühesten Kindheit offenbar gut überlebt. Das wird Ihnen auch in China gelingen, ich habe jedenfalls noch von keinem Touristen gelesen, der am Bahnhof von Zhuanchin oder Dongxi in der Schalterschlange verhungert aufgefunden worden sei.

Wenn Sie allein reisen wollen, ist die Sprachbarriere einer der wichtigsten Hinderungsgründe für ansonsten wunderbare Reiseziele. Dies gilt besonders für diejenigen, denen es auch daheim extrem unangenehm ist, Englisch zu sprechen. Englisch nimmt eine absolute Sonderrolle ein, weil es unangefochten die Lingua franca der Individualreisenden ist. Durch ein Land zu reisen, in dem offiziell null Englisch gesprochen wird, ist nämlich immer noch einfacher für den, der ein bisschen Englisch kann (und sich vor allem nicht scheut es anzuwenden), als für jemanden, der fließend drei andere Sprachen spricht, aber kein Englisch. Warum ist das so?

Ganz nett fand ich den Versuch, die chinglische Übersetzung noch einmal ins Englische zu übersetzen.

Minimales Englisch ist der kleinste gemeinsame Nenner sowohl für Reisende untereinander (von denen einer wiederum mindestens paar Brocken der Landessprache versteht) als auch für das Heer von Einheimischen, die es bereits verstanden haben, dass man mit touristischen Serviceleistungen sehr gutes Geld verdienen kann. Die besonders Geschäftstüchtigen (nicht selten leider ziemlich anstrengend) können gar auf einem Dutzend europäischer Sprachen *„Special price!“* und *„Look here, for your girlfriend!“* aufsagen. Und sie können noch mehr, nämlich Fremden an der Nasenspitze ansehen, dass sie auf Baskisch oder Finnisch angesprochen werden müssen (was dann meistens auch stimmt). Diese Strand- und Basarverkäufer kennt jeder, und eine besondere Hassliebe verbindet sie mit Pauschaltouristen. Das ist für uns Individualreisende ein doppelter Segen, denn erstens können wir uns so etwas unbehelligter bewegen als die große Schafherde, die aus dem Kreuzfahrtschiff quillt und sofort belagert wird, andererseits stehen uns dennoch bei Bedarf praktisch auf Zuruf orts- und sprachkundige Menschen zur Verfügung. Die höhere Kunst besteht nun darin, ihnen nicht nur gewünschte Informationen abzuringen (etwa: wo ist der Busbahnhof? Um wie viel Uhr legt das blau weiß gestreifte Kreuzfahrtschiff endlich ab?), sondern vor allem aus Prinzip in dieser Minute nichts zu kaufen (schließlich will man zum Busbahnhof). Und verblüffenderweise ist das total einfach – in jedem Land!

Information ist normalerweise gratis (ein Inder wird natürlich reflexartig die Hand ausstrecken), und so stellt sich heraus, dass diese aggressiven Verkaufsmaschinen in Wahrheit doch Menschen sind, die immer noch eine freie Minute für einen höflich fragenden (natürlich lächelnden) Backpacker haben, bevor sie wieder zum Schlepper mutieren und sich auf die nächste Studienreisegruppe stürzen. Nichtsdestotrotz ist Englisch praktisch unverzichtbar für den optimalen Genuss einer solchen Reise. Ich habe oft ein bisschen Mitleid mit gleichaltrigen Japanern, die im Prinzip die perfekte Tour absolvieren, angeleitet von perfekten japanischen Backpacker-Führern, sich sogar ein halbes Jahr Zeit nehmen für einen Kontinent, denen dann aber das bisschen Englisch und/oder der Mut zum Sprechen fehlen, um abends vielleicht noch in irgendeinem Gemeinschaftsraum, der Küche oder Lounge in Interaktion mit *Fellow Travellers* zu treten. Ebenso finde ich es schade, dass viele aus Bequemlichkeit ausschließlich mit Landsleuten herumhängen und so das eigentlich Coole an ihrer Reise verhindern, nämlich mit interessanten Fremden in Kontakt zu kommen, die auch eine Außenansicht unserer Heimat zu bieten haben. Ich fahre doch nicht individuell nach Kambodscha, um noch mehr Deutsche kennenzulernen? Dann hätte ich ja gleich die Busreise bei TUI buchen können.

Was folgern wir daraus: Wer nur ein bisschen Englisch spricht, dem steht die Welt offen. Wer von sich behauptet, gar kein Englisch zu sprechen, sollte eine solche Reise als willkommene Gelegenheit betrachten, das Allernötigste (was ohnehin in jedem Reiseführer steht) auch mal anzuwenden.

Wer nie diese Komfortzone verlässt, dem fehlt auch die Aktivierungsenergie, der Anschubser, ein Problem zu lösen, zum Beispiel im Ausland nach dem Weg zu fragen. Aber je fremder das Land, umso weniger wird man an seinen fehlerfreien englischen Grammatikkenntnissen gemessen. Die Taxifahrer können es ja selbst oft nicht. Es kann dann ziemlich mühsam sein, aber wenn man sich endlich verstanden hat, ist es meist für beide lustig.

Natürlich verwenden Sie sämtliche Hilfsmittel, die Sie zur Verfügung haben. Das sind nicht nur Hände und Füße, sondern der Stadtplan, der Reiseführer, in dem Sie auf die hübschen arabischen Hieroglyphen oder das chinesische Krikelkrakel zeigen können, und sämtliche Visitenkarten, die Ihnen permanent in die Hand gedrückt werden. Ein chinesischer Taxifahrer kennt sich meist in seiner eigenen Stadt nicht aus, sodass ihm auch ein Straßenname nicht weiterhilft; stattdessen soll er das kleine Hotel eben einfach anrufen und sich von seinem Landsmann erklären lassen, wie er zu fahren hat. Drücken Sie ihm dazu ruhig auch Ihr eigenes Mobiltelefon in die Hand, nachdem Sie selbst die Nummer gewählt haben. Vieles ist viel einfacher als man denkt – Fremden zu helfen liegt beinahe überall in der Natur des Menschen.

Haben Sie trotzdem gerade keine Lust auf Englisch, können aber zum Beispiel gut Französisch oder Spanisch, vielleicht auch Russisch? Kein Problem, dann beginnen Sie Ihre Individualreise-Karriere einfach in ehemaligen Kolonien oder Satellitenstaaten: Lateinamerika, Nordafrika oder Zentralasien (die „Stan-Länder“) haben ja alles zu bieten, was man zum Perspektivwechsel braucht. Sie können sich auf Französisch mit Glück noch mit älteren Vietnamesen oder auch Libanesen unterhalten, von riesigen Teilen Afrikas ganz zu schweigen.

Ich habe eine Erklärung für solche Schilder: In China wird Wort für Wort nachgeschaut (oder automatisch übersetzt) und das ganze Sammelsurium mit Glücksgrammatik verknüpft.

Lassen Sie sich zunächst dorthin treiben, wo Sie sich sprachlich wohler fühlen, und genießen Sie, dass Sie mit allen anderen Opfern, die Sie bringen (Hitze, Trubel, Reizüberflutung...) so gut zurechtkommen. Dann ist später der Schritt in ein Land, in dem Ihre Lieblingsfremdsprache wertlos ist, nur noch halb so wild, weil es dort auch nicht staubiger ist als zuvor in Marokko oder Guatemala. Und heben Sie sich Destinationen, in denen Englisch Muttersprache ist, gerne etwas auf, bis Sie sich wohl fühlen.

Besonders nobel ist es natürlich immer, wenn Sie sich in der Landessprache ausdrücken. Die tiefsten Einblicke bekommt nur, wer wirklich mit dem Volk reden kann, das er besucht. Ich bin mit den meisten Chinesen vor Ort nie richtig warm geworden, weiß aber wohl, dass mir ein endgültiges Urteil nicht zusteht, weil ich mangels Sprachkenntnissen mit keinem wirklich geredet habe. Wenn Sie eine Region wie Lateinamerika besuchen, in dem die Bewohner sich daran gewöhnt haben, dass erstaunlich viele Traveller ganz ordentlich Spanisch sprechen, werden Sie selbst mit perfektem Englisch etwas abfallen. Das soll nicht heißen, dass Sie jene wunderbare Ecke ohne Spanisch nicht betreten sollen. Aber wundern Sie sich nicht, wenn der gemeine Latino Ihnen die Spanisch sprechenden Kameraden für Gespräche über den Sinn des Lebens vorzieht. Machen Sie in diesem Fall aus der Not eine Tugend, genügend Zeit vorausgesetzt, und belegen Sie einfach einen Sprachkurs im Land. In Südamerika wird ohnehin langsamer (manche finden auch: viel schöner) gesprochen als in Spanien selbst. Verknüpfen Sie also Urlaub mit echter, messbarer Bildung. Wohnen Sie vielleicht sogar bei einer Gastfamilie, die Erfahrung mit Ihren Sorgen hat, zu etwas gezwungen zu sein, das Sie gar nicht können. Denken Sie nicht zu viel über Grammatik nach, die können Sie auch zu Hause mit einem Buch büffeln. Quatschen Sie lieber ein bisschen, und Ihre Fortschritte werden Sie selbst verblüffen.

Und solche Schilder entstehen, wenn ein relativ sprachkundiger Chinese einem Schreibknecht einen handschriftlich korrekt übersetzten Zettel übergibt, jener aber leider die Buchstaben nicht auseinanderhalten kann.

Die absolute Grundausstattung an Phrasen und Begriffen sollte in jeder Sprache irgendeinen gängigen Gruß („Hallo“) beinhalten, sowie „Danke“ oder sogar „Vielen Dank“. Damit können Sie nämlich einen Dialog sowohl eröffnen als auch beschließen. Beides präsentiert mit einem Lächeln ist ein konstruktiver Rahmen für jedes Handeln um den letzten Cent, für einen Restaurantbesuch, den Kauf eines Bustickets, für den ersten Kontakt in einem Hotel. Diese zwei kleinen Wörter sind Türöffner für eine größere Welt. Wenn Sie das merken, plappern Sie gerne ein paar Sachen nach. Wie wird Ihr Abendessen richtig ausgesprochen? Wie lauten die Zahlen von eins bis zehn? Lernen Sie freiwillig noch ein paar ergänzende Begriffe dazu: je lustiger desto besser.

Iran

!If you reject the food, ignore the customs, fear the religion and avoid the people, you might better stay at home."
James Michener (1907 – 1997),
US-amerikanischer Autor

Der Iran ist eines der gefährlichsten Länder der Welt... sagen die Amerikaner! Und die müssen es wissen. Gut, ich will nicht so tun, als sei die iranische Politik und Weltanschauung in bester Ordnung. Und was hat das mit der Sicherheit der Touristen zu tun? Klar, mit einem Touristenvisum sollte man auch keine Zeitungsinterviews für die Bild am Sonntag machen, da waren meine Landsleute selbst schuld, und ich finde es unerträglich, dass sie nach ein paar Monaten Haft beinahe wie Helden empfangen wurden. Man kann ein Land sanktionieren, wenn man mit dessen Führung nicht einverstanden ist. Aber warum sollte man deshalb gleich das gesamte Volk bestrafen? Denn an das verteilen Sie große Teile Ihres Reisebudgets. Je schlimmer eine Diktatur, eine Scheindemokratie oder ein legitim gewähltes Schreckensregime ist, desto nötiger braucht die Bevölkerung Ihre Unterstützung. Und bezogen auf die Sicherheit, haben Sie in solchen Ländern ohnehin wenig bis gar nichts zu befürchten. Persönliche Sicherheitsvorbehalte werden hier also ganz besonders gern verwechselt mit politisch schlechtem Image.

Der Imam-Platz mit der Königsmoschee in Isfahan.

Zu sehen gibt es wahrlich genug! Persien ist eines der interessantesten Länder dieser schönen Erde. Landschaftlich und kulturell. Die Menschen sind gebildet und aufgeklärt genug, dass man sich hervorragend mit ihnen unterhalten kann. Und dabei kann man jede Menge über die Innensicht dieses faszinierenden Landes erfahren.

Also Iran: Klar, das Visum muss man sich vorher besorgen. Im Wesentlichen wird geprüft, ob der Tourist auch wirklich keinen israelischen Stempel im Pass hat. Haben Sie einen, müssen Sie sich wohl oder übel einen neuen Pass besorgen, bevor Sie nach Iran fahren. Und wenn Sie am Anfang Ihrer Reisekarriere stehen und auch gerne mal Israel sehen wollen, dann ist es kein Problem, den dortigen Grenzbeamten mitzuteilen, dass man seinen Einreisestempel bitteschön woanders haben will als im Pass, zum Beispiel auf einen Extrazettel. Denn falls Sie es noch nicht wussten, wird der Staat Israel abgesehen von Ägypten und Jordanien von keinem arabischen Nachbarn anerkannt. Und wer einen Stempel im Pass aufweist, erkennt den stempelnden Staat natürlich implizit an.

Nur aus diesem Grund gibt es ja auch immer wieder Fußball-EM-Qualifikationsspiele zwischen zum Beispiel Österreich und Israel: nicht etwa, weil Israel demnächst die Mitgliedschaft in der EU anstrebt, sondern weil sie in Asien, wo sie eigentlich hingehören, einfach nicht mitspielen dürfen.

Bin ich wieder abgeschweift. Im Münchner Konsulat der Islamischen Republik fühlte ich mich sofort wohl. Es war wie ein erster Blick hinter einen Vorhang in einen geheimen Raum. Das Visum bekam ich ohne Probleme, trotz amerikanischer Stempel.

Iran ist ein weites, wildes Land mit atemberaubenden Strecken.

Genau so faszinierend ging es weiter: Teheran wirkte zwar am ersten Tag ziemlich unübersichtlich: Es war ein früher Morgen im Dezember, es war kalt und dunkel, und ein Taxi brachte mich am gewaltigen Khomeini-Mausoleum vorbei in die erwachende Riesenstadt mit ihren 8 Mio. Einwohnern. Ich konnte mich noch nicht richtig orientieren, wie ich es sonst immer gerne mache, sobald ich einen markanten Berg, ein hohes Bauwerk oder ein die Stadt dominierendes Gewässer ausmache. Aber nach zwei Tagen kannte ich meine Ecke und das Zentrum, und ich machte mich auf ins weite Land. Als roter Faden meiner Reise diente mir natürlich wieder das Weltkulturerbe der UNESCO. Es führte mich durch atemberaubende Städte aus Tausendundeiner Nacht ebenso wie durch karge Gebirgslandschaften mit den Zentren der Anhänger Zarathustras, düsteren Basaren und schönen Karawansereien der Seidenstraße. Auf meinem Weg sah ich die schönsten Moscheen des Universums sowie die Ruinen und Gräber der alten Perserkönige Xerxes, Kyros und Darios. Man reist recht bequem durchs Land. Wo es keine Überlandbusse gibt, fahren Routentaxis, die man sich mit Einheimischen teilen kann, wenn man will, sonst kann man es sich auch allein mieten. Am gefährlichsten sind wahrscheinlich die Taxifahrten. Statistisch gibt es über zehnmal so viele Verkehrstote wie auf deutschen Straßen.

Die meisten Perser ziehen Hollywoodfiguren ihren Ayatollahs vor.

Das mag zum einen am Zustand der iranischen Autos liegen, sicher aber auch an der absurden Überzeugung, dass Anschnallen total uncool sei – falls es überhaupt Sicherheitsgurte gibt. Ich finde es immer amüsant, wenn in solchen Ländern bei Polizeikontrollen, die natürlich allen vorher bekannt sind, der Gurt mit der freien Hand neben das Gurtschloss gehalten, aber ja nicht eingeklinkt wird. Ich war gerne uncool und schnallte mich an. Das war, wenn überhaupt, bestenfalls vorne rechts möglich. Von dort konnte ich viel besser Landschaft und Leben fotografieren als von der Rückbank aus.

Neben dem Straßenverkehr hatte ich eine zweite Gefahr unterschätzt. Dass es in einem islamischen Staat offenen Diebstahl gab, hätte ich nicht erwartet. Schlawiner gibt es sicher viele, die achtlos herumliegende Gegenstände von Touristen einer weiteren sinnvollen Verwendung zuführen, aber doch nicht Raub? Gerade im Iran mit seiner Scharia als Gesetzesgrundlage, hätte ich das für unmöglich gehalten. Aber wie es scheint, wird die Scharia inzwischen selektiv angewendet. Vor allem wenn es gegen Frauen und religiöse Minderheiten geht. Oder gegen Aktivisten, Meinungsführer, Protestanten oder politische Opposition. Dem gemeinen Motorraddieb droht schon lange kein Handabschlagen mehr, wenn er genügend Zeugen hinter sich bringt, die Polizei oder den Richter zufällig kennt, schmiert oder sicherheitshalber beides.

Jetzt werden Sie erfahren, was mir dort passiert ist. Damit es Ihnen nicht auch passiert, egal ob im Iran oder in Irschenberg. Eines schönen Tages spazierte ich durch die westiranische Stadt Khorramābād. Eine hübsche Hauptstadt des Volkes der Luren. Als ich mit der Besichtigung der Zitadelle Falak-ol-Aflak samt Museum fertig war, schlenderte ich über eine der Hauptstraßen. Ziel war ein Restaurant aus dem Reiseführer. Und weil ich inzwischen auch zu den modernen Menschen mit Smartphone gehörte und meine Mails durchsehen wollte (eine schlimme Sucht, die man früh bekämpfen muss), hatte ich – was bei dem Verkehr per se schon gefährlich ist – eben so ein dummes Telefon in der Hand vor der Nase und ließ mich davon ablenken. Ich war auf der Suche nach einem der zahlreichen ungesicherten WLANs in iranischen Städten. So kam es, wie es kommen musste: vor dem Überqueren einer dunklen Seitenstraße hielt ich inne, um einem abbiegenden Motorrad die Vorfahrt zu gewähren. Im Iran (wie in so vielen Ländern) gewähren Sie diese besser jedem Fahrzeug, das ist kein Witz. Jenes Motorrad bestand also wie alle anderen auf seine Vorfahrt, kam aber – im Nachhinein betrachtet – verdächtig langsam um die Ecke gebogen. Alle Alarmglocken hätten in mir läuten müssen. Stattdessen wurde ich völlig überrumpelt, als der Sozius zielgerichtet von oben und mit voller Wucht gegen meine Hand schlug und mir das Telefon entriss. Ich rief noch „Hey“, aber da beschleunigte das Motorrad schon längst die Seitenstraße hinunter. Ich rannte sogar noch hinterher und hätte die Diebe an der nächsten Kreuzung beinahe noch erwischt. Der einzige Effekt war leider, dass ich die folgenden fünf Stunden hustete wegen der Abgase. Was ich vollkommen vergessen hatte: meine Kamera hing schussfertig um meinen Hals. Falls mir oder vielleicht Ihnen so etwas wieder passiert, werden wir ganz gelassen das Nummernschild fotografieren. Aber natürlich passiert uns das sowieso nicht mehr, denn dumme Fehler sind gute Fehler, wenn man sie nur ein Mal macht. Und ob ein Foto vom Moped auf der Polizeistation geholfen hätte, steht auf einem anderen Blatt.

Genau wie zehn Jahre zuvor nach der abhanden gekommenen Kamera in Ecuador war ich stinksauer. Vor allem auf mich selbst. Ich begab mich in die Obhut eines nichts tuenden Polizisten an einer Straßenkreuzung. Der rief ein paar Kollegen, die mit einem Streifenwagen kamen und sogar ein paar Brocken Englisch sprachen. Mein Ziel war, irgendeinen offiziell aussehenden Bericht mitzunehmen, den ich meiner Hausratversicherung vorlegen könnte. Bis ich diesen Bericht in Händen hielt, vergingen acht Stunden. Einen mittlerweile müden und um sein praktisches Mobiltelefon beraubten Menschen hätte das leicht in den Wahnsinn treiben können. Ich dachte glücklicherweise an die druckreife Geschichte und nahm den ganzen Amtsschimmel mit Galgenhumor. Wer kann schon erzählen, acht Stunden in einer iranischen Polizeiwache verbracht zu haben? Ich durfte einen Bericht diktieren und mehrere schmierige Aktenordner mit unzähligen Fotos von aktenkundigen Männern durchblättern, anhand derer ich meinen Dieb erkennen sollte. Den gewünschten Bericht bekam ich nicht ausgehändigt. Das klappte erst am nächsten Morgen nach weiteren drei Stunden und einem Telefonat mit der deutschen Botschaft in Teheran, von der mir schließlich ein Telefondolmetscher zur Seite gestellt wurde. Und ich bekam sogar eine Tasse Tee in der Amtsstube.

Den Rest der Zeit absolvierte ich also ohne Telefon, was der Reise überhaupt keinen Abbruch tat. Ich wollte ja sowieso ein neues Telefon. Daraus ergibt sich auch gleich noch ein kleiner Ratschlag: über Dinge, die man nicht mehr ändern kann, ärgert man sich nicht länger als nötig. Abhaken und weitermachen! Schade war es höchstens, weil ich mich inzwischen daran gewöhnt hatte, allen Fotos ein Geotag zu verpassen, die GPS-Koordinaten also. Sei's drum. Der Zettel von der Polizei hat übrigens nichts genützt: meine Hausratversicherung zahlt nur bei Raub und nicht bei Diebstahl, dazwischen gibt es wohl einen wichtigen juristischen Unterschied. Nächstes Mal muss also die Geschichte vom gezückten Messer kommen...

Die Ayatollahs dominieren Hauswände und Beamtenstuben.

Fazit:

- Perser sind keine Araber – aus dieser Tatsache speisen sich Jahrhunderte voller Kriege und Misstrauen
- Die Menschen im Iran interessieren sich kaum für Religion, sie wollen einfach in Frieden leben und an einem sichtbaren Fortschritt teilhaben
- Abgesehen vom mörderischen Straßenverkehr gibt es kaum ein sichereres Land – man muss nur seine Sachen festhalten

Meine persönlichen Highlights:

- Shushtar im Südwesten – nur dort ist's auch im Winter hübsch warm
- Entspanntes Shiraz und Umgebung (v.a. Persepolis und die Königsgräber)
- Die phantastische Oasenstadt Yazd und Umgebung: Meybod Karanagh und der zoroastrische Feuertempel wie Chak Chak

Machen:

- Neben dem touristischen Trampelpfad Teheran-Esfahan-Shiraz empfehle ich den Nordwesten oder die Wüste.
- Die UNESCO-Liste ist ein idealer Leitfaden für die Sehenswürdigkeiten jeden Landes

Meiden:

- Von der Polizei Hilfe zu erwarten ist zwecklos
- Den Grenzen von Afghanistan und Pakistan sollte man nicht zu nahe kommen
- Als Frau unverhüllt durch die Stadt spazieren ist unangebracht – aber nicht soooo schlimm, wie mir sämtliche Touristinnen gerne bestätigten
- Wenn wir schon dabei sind: als Frau ist es zu vermeiden, einheimischen Männern direkt in die Augen zu schauen oder sie anzufassen (und sei es nur beiläufig am Arm, wie es zu Hause oft geschieht). Manche Männer sind dadurch im besten Fall irritiert.

Ebenfalls in Isfahan: die uralte Freitagsmoschee.

Ein ewiges Missverständnis

„Hitler didn't travel. Stalin didn't travel. Saddam Hussein never travelled. They didn't want to have their orthodoxy challenged."
*Howard Gardner (*1943),*
US-amerikanischer Psychologe

Ein besonders großes Anliegen ist mir, dass Sie als Reisender sich mit dem Islam auseinandersetzen, und zwar vor Ort. Dazu müssen Sie weder den Koran lesen noch Arabisch lernen, Sie können weiter Schweinefleisch essen, falls es Ihnen serviert wird. Sie müssen sich als Frau nicht überall verhüllen, es sei denn, es erleichtert Ihre Reise in besonders sensiblen Ländern und Ihr Respekt vor den Bewohnern ist intakt (wenn Sie ein griechisch-orthodoxes Kloster besuchen, wickeln Sie sich ja auch bereitwillig ein Tuch um die Hüften).

Man liest immer wieder von Streit um neue Moscheen, in Ländern mit Religionsfreiheit werden Minarette verboten, bei Umfragen nennen weit über die Hälfte der Befragten als erste Assoziation mit dem Islam pauschal den Terrorismus (dicht gefolgt von Rückständigkeit).

Diese Entwicklung ist zwar absolut nachvollziehbar, wenn man sich islamistische Aktionen der jüngeren Vergangenheit sowie die anschließende Berichterstattung anschaut, die mit Urängsten der Bevölkerung spielt. Der Stern titelt reißerisch „Wie gefährlich ist der Islam?", der Spiegel kontert mit dem Titel „Mekka Deutschland – die stille Islamisierung". Alle paar Monate regt die Welt sich auf, entweder über Mohammed-Karikaturen, einen dilettantischen Youtube-Film oder über die Reaktion darauf, Hauptsache die Talkshows haben wieder ein Thema, und Peter Scholl-Latour muss uns wieder die Psyche der Muslime erklären. Haben Sie schon mal darüber nachgedacht, wie heuchlerisch es ist, Muslime der Intoleranz zu bezichtigen, wenn sie auf Provokationen wie gewünscht empört reagieren?

Der ganze Orient ist das größte Freilichtmuseum der Welt, noch vor Kuba oder Nordkorea.

Die Entwicklung ist nachvollziehbar, ja. Aber diese Entwicklung ist überhaupt nicht hilfreich, sie spielt den wenigen in die Hände, die die Fäden ziehen oder gerne ziehen würden, nämlich auf der einen Seite den selbsternannten Dschihadisten, die Gottesstaaten errichten und missliebige Staaten ausradieren wollen, sowie auf der andere Seite den bornierten abendländischen Politikern, die wiedergewählt werden wollen oder nicht minder radikalen Sektenführern, denen jede Publicity recht ist. Und die bunte Presse macht nebenbei ihr Riesengeschäft – Misstrauen verkauft sich blendend, sich ewig bestätigende Vorurteile ebenso, Angst wird bewusst gesät, als gäbe es nicht schon genug Probleme.

Ich möchte hier keine politische Meinung kundtun, ich habe bei allen Reisen meines Lebens auch kein Patentrezept zur Lösung der geopolitischen Situation des Nahen Ostens, das ist auch viel gescheiteren Menschen als mir bisher nicht gelungen. Ich bewerte keine religiösen Konzepte oder Überzeugungen. Für mich persönlich ist jede gewachsene Philosophie interessant, ohne dass ich ihr gleich anhänge.

Nach dem Freitagsgebet kommt der Freitagsplausch.

Das einzig Wichtige wäre mir, dass Sie mit offenen Augen durch ein paar islamische Länder gehen, ein bisschen Zeit mit deren Geschichte verbringen, vielleicht indem Sie bei türkischem Kaffee oder süßem Pfefferminztee an einem schönen Platz im Schatten einfach den Geschichts- und Kulturteil Ihres Reiseführers lesen. Am schönsten geht das direkt im Innenhof einer grandiosen Moschee, und von denen gibt es viele. Der erste Respekt entsteht bereits, wenn Sie die Rolle der islamischen Kultur und Gelehrten im europäischen Mittelalter begreifen, das aus guten Gründen das Finstere Mittelalter genannt wird. Ohne die Überlieferung der gesamten Kunst- und Kulturbegriffe und Errungenschaften aus dem Altertum durch islamische Gelehrte hätte es in Europa niemals eine Renaissance oder Aufklärung in dieser Form gegeben; wer also die islamische Welt als minder kultiviert oder wissenschaftlich unterlegen betrachtet, macht bereits den ersten Fehler.

Überhaupt herabzublicken auf eine andere Kultur ist fatal; jede Kultur der Welt ist auf ihre Art im 21. Jahrhundert angekommen, und wenn es dort anders aussieht als bei uns, dann ist daran überhaupt nichts „falsch". Wenn ein Land ärmer ist als unseres, dann kann es durchaus auch daran liegen, dass es Jahrhunderte lang ausgebeutet wurde und immer noch wird, und zweitens hat Armut an Wohlstand mit Armut an Kultur nichts zu tun – meistens finde ich in solchen Ländern eigentlich noch viel mehr echte Kultur als bei uns daheim, ich verstehe sie nur eben nicht so leicht.

Arabische Touristen in Palmyra, Syrien.

Gehen Sie also ins Morgenland, beurteilen Sie objektiv, was Sie da sehen, wie Sie sich dort fühlen.

Zugegeben, es ist auf den ersten Blick nicht überzeugend: die Rolle der Frauen in der Gesellschaft ist in vielen Ländern extrem antiquiert, religiöse Minderheiten sind nicht überall so frei wie beispielsweise in Syrien vor den Aufständen; es gibt kaum staubigere Länder als den Nahen Osten, selbst im geleckten Dubai quillt hier und da der Wüstensand aus Kanaldeckeln, und die aufwändig bewässerten Palmen am betonierten Straßenrand sehen auch irgendwie immer sandig aus. Kein Wunder, dass in den ärmeren Ländern der Region alles unfertig aussieht, dass immer Bauschutt auf jeder Straße liegt, dass alles den Eindruck erweckt, es würde seit Jahrhunderten nur noch improvisiert.

Im Prinzip haben Sie nun auch gleich die erste Erkenntnis gewonnen: dort wird nämlich seit Jahrhunderten nur noch improvisiert! Es exportiert ja nicht jedes muslimische Land Erdöl und Gas und kann sich deshalb leisten, mitten in der Wüste Staub zu saugen. Nein, die meisten Nachbarn exportieren immer noch Datteln und Feigen, manche haben ein blühendes Import-Export-Geschäft oder beherbergen US-amerikanische Militärstützpunkte, und wieder andere exportieren lediglich ein schlechtes Image. Fast jedes Land in der Region war in der Vergangenheit einer Kolonialmacht unterworfen, manche auch mehreren hintereinander (was wiederum für höchst abwechslungsreiche Kulturgemische sorgt). Als die Europäer sich zu dominierenden Großmächten aufschwangen, konnten die islamischen Länder schon mangels Trinkwasser und Landwirtschaft nicht die gleiche Bevölkerungsexplosion mitmachen, gleichzeitig bekämpften sie sich gegenseitig, seitdem hinken sie dem immer reicher werdenden Westen hinterher, was tief in der Psyche jedes Bewohners verwurzelt ist und heute zu einem kollektiven medialen Minderwertigkeitskomplex führt.

Die Vorurteile der Bürger westlicher Industrieländer werden deshalb als eine Fortsetzung dieser seit Generationen bestehenden Geringschätzung empfunden, als ein arrogantes Herabblicken von ziemlich weit oben. Da ist es kein weiter Weg mehr, bis religiöse Führer und Politiker auf diesem Nährboden aufbauen. Völker in islamischen Ländern bestehen aus stolzen Menschen, egal ob Araber, Perser, Berber oder Türken, und als stolze Menschen möchten Sie in der Weltgemeinschaft auf Augenhöhe behandelt werden.

Noch ein Postkartenmotiv aus Isfahan.

Fangen Sie damit an! Begegnen Sie den Menschen, die Sie da besuchen, mindestens auf Augenhöhe, vielleicht sogar einen halben Zentimeter niedriger. Sie sind der Gast, zeigen Sie daher Respekt und Fingerspitzengefühl! Seien Sie wissbegierig und aufgeschlossen, zeigen Sie, dass Sie sich mit der Kultur Ihrer Gastgeber gern auseinandersetzen! Besuchen Sie Moscheen und Museen, staunen Sie über die Märkte und die uralten Medinas, gehen Sie in ein Hammam, schlürfen Sie Ihren Tee Seite an Seite mit alten Männern, die vielleicht gerade in einem Buch lesen oder sich über den Tag unterhalten. Stellen Sie selbst fest, dass die Menschen dort viel freundlicher zu Fremden sind als zum Beispiel in China. Bauen Sie Ihre Reise entlang der unzählbaren historischen Stätten auf, aber füllen Sie die musealen Highlights, die Schluchten und Ruinen höchstentwickelter Zivilisationen immer wieder mit dem Leben, das sich in den staubigen Städten abspielt. Wenn Sie den Rhythmus der Region erst einmal übernommen haben, werden Ihnen der Staub, die hupenden Taxifahrer, der Muezzin am frühen Morgen vielleicht gar nicht mehr so viel ausmachen, weil all dies einfach dazugehört zu einem Urlaub, einer Ihren Horizont erweiternden Bildungsreise im Orient.

Und wenn Sie nachher wieder zu Hause sind, genießen Sie ruhig, dass bei uns alles viel sauberer ist, dass kaum mal jemand hupt und dass Kirchenglocken selten vor Sonnenaufgang läuten. Denken Sie aber auch an die vielen schönen Erinnerungen, die Sie mitgenommen haben. Erzählen Sie es weiter! Zeigen Sie Ihre Fotos und berichten Sie von Ihren Eindrücken, inklusive dem Staub und dem Lärm, und warum Sie davon fasziniert sind.

Informieren Sie sich selbst, vertrauen Sie nicht auf fremdgesteuerte Angriffe auf Ihre Toleranz. Die Einbildung, wir seien eine aufgeklärte Gesellschaft, weil das ganze Wissen der Welt frei verfügbar im Internet abrufbar sei, weil wir aus über 500 Fernsehsendern auswählen dürfen, ist eine gefährliche Einbildung. Nur, wer rausgeht und die Augen selbst aufmacht, kann wirklich sehen. Und wenn das viele machen, am besten auch die künftigen Politiker – es ist doch so einfach! – dann setzen sich eines Tages Aufklärung und Toleranz auch in einer demokratisch gewählten Regierung wieder durch. Es ist ein langer Weg und kann eine halbe Generation dauern, aber Sie können direkt damit beginnen und werden nebenbei großen Spaß dabei haben.

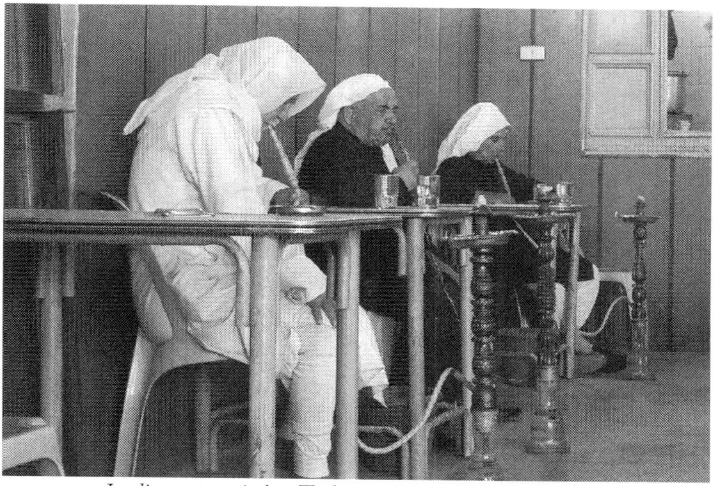

In diesem tunesischen Teehaus wird genüsslich geblubbert.

Aserbaidschan

„Toren bereisen in fremden Ländern die Museen,
Weise gehen in die Tavernen."
Erich Kästner (1899 – 1974),
deutscher Schriftsteller

Nach Aserbaidschan bin ich aus mehreren Gründen gefahren, aber keiner davon war, dass es in irgendeiner Weise gefährlich dort wäre. Spannend ist es dort aber in jedem Fall: dieses Land ist ein Mischmasch, wie es ihn sonst nicht gibt: eine Ex-Sowjetrepublik, in der jeder über-30-Jährige noch gerne russisch spricht, obwohl die offizielle Landessprache ein türkischer Dialekt ist. Die Aserbaidschaner sind ein Volk, dessen Mehrheit heute eigentlich außerhalb des Landes in der iranischen Provinz Aserbaidschan lebt. Das Land ist ein Ölgigant, von dem kaum jemand weiß, dass es um die vorletzte Jahrhundertwende der weltgrößte Ölexporteur war; ein Nachbar Irans mit großer schiitischer Mehrheit, in dem weder die Scharia gilt noch das Verhüllungsgebot für Frauen oder das absolute Alkoholverbot – der Koran verbietet Wein, also trinkt man eben Wodka, und die Religion wird wie während der Sowjetzeit noch recht erfolgreich ausgeblendet. Auch die Geschichte des Landes war immer spannend: der Kaukasus gilt als Grenze zwischen Europa und Asien, und zu beidem gehört Aserbaidschan nicht mal halb dazu, selbst wenn sie den Eurovision Song Contest gewonnen haben und Berti Vogts sich dort vergebens um die EM-Teilnahme bemüht. Mindestens eine Route der Seidenstraße verlief quer durchs Land, und mindestens ein Dutzend Kulturen haben dort ihre Spuren hinterlassen. Vom Kaspischen Meer weiß man nicht so genau, ob es ein See oder ein Meer ist, und die Definition hat immense Auswirkungen auf Fischerei und Staatsgrenzen und Ölreichtum. Egal ob See oder Meer, wenn man in der Hauptstadt Baku an der Waterfront spazieren geht, gewinnt man den Eindruck, es handle sich um einen Ölsee bzw. ein Ölmeer. Denn nichts anderes schwappt dort träge an die Betonplatten. Es gibt keinen einzigen Seevogel, nicht einmal ein Hund springt ins kühle Nass – fast hätte ich Wasser gesagt. Der Geruch ist nicht der von in der Sonne verrottendem Tang, den ich übrigens ebenso schätze wie kreischende Möwen, weil beides in mir Erinnerungen weckt an schöne Tage am Meer. Aber nein, es duftet nach Gazprom und Lukoil.

Die schnuckelige Altstadt von Baku mit Blick auf die neuesten Symbole des Reichtums.

Man pflegt ein herzliches Verhältnis zur Türkei, ein ganz gutes zum großen nördlichen Nachbarn Russland, kein schlechtes zum Iran, ein relativ indifferentes zu Georgien, woher aber mangels eigener Importgesellschaften ein Großteil der deutschen Luxuskarossen bezogen werden. Ein unterirdisches Verhältnis hat Aserbaidschan zum aktuellen Erzfeind

Armenien, einem Land, dass es seinerseits fertigbringt, exzellente Beziehungen gleichzeitig zu Russland, Iran und den USA zu unterhalten. Aber das ist eine andere Geschichte. Luxuskarossen sind ein gutes Stichwort. Ich habe niemals zuvor anteilig am Gesamtfuhrpark mehr achtzylindrige SUVs und Limousinen gesehen als in Baku. Entsprechend verhält es sich mit der Architektur: außerhalb eines von der UNESCO zum Kulturerbe gekürten ummauerten schnuckeligen Altstadtkerns mit Moscheen, Karawansereien und engen krummen Gassen wird mit Glas und Stahl bis zum Himmel gebaut. Und was soll hier jetzt bitte gefährlich sein?

Das schwarze Gold schwappt träge an die zentrale Uferpromenade Bakus.

Nicht unerwähnt darf hier bleiben, dass man die beiden einzigen Staatschefs seit der Unabhängigkeit, Vater und Sohn Aliyev, nicht so ganz frei gewählt zu haben scheint – ich will nicht von Diktatoren oder Autokraten reden, aber diese Sorte von Dynastien geht sehr häufig einher mit einer ausgesprochen großen Sicherheit auf den Straßen. Insbesondere für Touristen, falls Tourismus im jeweiligen Land als ein Gewinn erkannt und gefördert werden will. So ganz sicher ist man sich dessen ja nicht, wenn ein Staat darauf besteht, dass man sich sein Visum vor der Anreise teuer in Berlin besorgen muss und der Anteil des Ölexports an den Staatseinkünften in der Nähe von 100% liegt. Aber wie gesagt, je stabiler die Diktatur, desto sicherer die Straßen nach Einbruch der Dunkelheit.

Baku hat zwar kein sauberes Kaspisches Meer, aber immer saubere Fenster.

Zwei Geschichten möchte ich von Aserbaidschan erzählen. Die erste beginnt kurz nach meiner Landung in Baku um 6 Uhr morgens. Weil zufällig mein Geburtstag war, hatte ich mir den Luxus einer vorausgebuchten Unterkunft geleistet, die noch nicht einmal spottbillig war, aber dennoch ziemlich weit außerhalb des Zentrums lag. Die im Internet gefundenen Hotels im Zentrum kosteten alle weit über 100 Euro, und für mich allein halte ich das selbst an meinem Geburtstag für übertrieben, vor allem, wenn ich mich als Backpacker fühlen möchte. Die wenigen Hostels, die noch auf einschlägigen Seiten zu finden waren, behaupteten alle für jenen Montag kein Bett mehr frei zu haben bis auf das, wo ich letztlich auch gebucht hatte. Also schnell Geld gewechselt, ein halbes Dutzend penetranter Taxifahrer abgewimmelt und rein in den Flughafenbus, den es offiziell gar nicht gibt. Man muss zu einem Linienbus laufen, der irgendwo hinter dem Parkplatz hält. Damit ging es über typische sechsspurige Zubringerstraßen an Aliyev-Plakaten vorbei zu einem riesigen Autobahn-/U-Bahnknotenpunkt. Beim Aussteigen passierte mir wieder der Klassiker: meine riesigen Manat-Scheine, die der Geldautomat ausgegeben hatte, konnte der Fahrer nicht wechseln und machte eine lässige Handbewegung, ich dürfe gleich so aussteigen. „Keine Ursache!“ Von dort ging es weiter stadtauswärts bis zu einer völlig desolaten Endstation auf einem Hügel hoch über dem Kaspischen Ölsee, von wo aus man auch die Bohrinseln ausmachen konnte. Nun machte ich mich zu Fuß auf in die ungefähre Generalrichtung meines gebuchten Hotels und freute mich auf und über meinen Geburtstag. Vorbei an Baustellen und verlassenen Spielplätzen hinter abgrundtief heruntergekommenen Plattenbauten schlenderte ich den Hügel herab auf der Suche nach der Straße, die laut einem vagen Satellitenbild, das ich mir ausgedruckt hatte, schon die richtige sein müsste. Nach 20 Minuten erreichte ich eine Straße, die wie erwartet in Ost-West-Richtung verlief. Es gab leider keinen Straßennamen, geschweige denn Hausnummern. Die ersten beiden Frühaufsteher, die ich mit meinem Problem konfrontierte, konnten nur mit den Schultern zucken. Klar hatte ich den Zettel mit der Reservierung, die Adresse und eine ungefähre, lausige Wegbeschreibung in der Hand, aber mein Russisch war nicht gut genug, und Englisch sprach hier niemand. Der nächste Schritt ist in so einem Fall für mich immer der, dass ich mir ein Taxi suche und mich dann doch zur gesuchten Adresse fahren lasse. Das hätte ich natürlich schon am Flughafen haben können, aber ich mag die Befriedigung, einen schwierigen Ort selbst zu finden, und rückblickend hätte es mir in diesem Fall auch nichts genutzt. Nun gab es natürlich weit und breit kein Taxi, wohl aber einen dicken Mann mit schwarzem Mercedes, der sich gern meines

Problemchens annahm, obwohl auch er nichts mit meinem Zettel und der Adresse darauf anfangen konnte. Er fuhr mehr oder weniger planlos durch die Gegend, meist mit über 80 Sachen, bis er wieder irgendjemanden nach der Adresse fragen konnte. Ich hielt ihm natürlich auch die Telefonnummer meines Hotels unter die Nase, denn wenn ich eines in China gelernt hatte, dann dass einheimische Taxifahrer, die ihre eigene Stadt nicht kennen, sich von Landsleuten an den Zielort steuern lassen. Mein Fahrer wählte die Nummer. Es ging auch jemand ran, aber ich konnte nicht verstehen, warum wir trotzdem nicht einfach hinfahren konnten, sondern eine weitere halbe Stunde durch die Gegend fuhren. Erst beim dritten Anruf gab mir mein unermüdlicher Fahrer sein Telefon weiter, und mein Hotelkontakt erklärte mir in mehr oder weniger zusammenhängendem Englisch, dass ich lieber nicht kommen sollte, es gäbe da irgendein Problem. Ich sagte, das sei mir egal, ich wollte trotzdem erst mal kommen, ich sei müde und überhaupt hätte ich – ganz der deutsche Pedant – reserviert und eine Anzahlung geleistet und obendrein Geburtstag. Nein, das ginge nicht, hieß es am anderen Ende der Leitung: ich sollte mir ein anderes Hotel suchen, von dem er meinem Taxifahrer die Adresse nennen konnte. Wir fuhren die achtspurige Uferstraße entlang nach Westen, zu meiner Freude sogar in Richtung des Zentrums. Wenn dort wirklich ein Hotel wäre, das noch nicht mal teurer sei als mein reserviertes, wie der Fahrer behauptete, dann sollte mir das nur recht sein. Doch leider ging die Geschichte hier noch weiter, denn trotz der Insider-Empfehlung und der vagen Hoffnung, dass Hotelbarone zusammenarbeiten und sich gestrandete Touristen gegenseitig zuschustern, war dieses Hotel leider schon voll. Da half auch mein Geburtstag nichts, und auch nicht meine Bereitschaft, entsprechend mehr zu zahlen. Mein inzwischen ziemlich genervter Fahrer musste also noch mal ran. Ich hatte Glück: beim dritten Hotel klappte es und ich bekam ein Zimmer wenige Schritte vom Kaspischen Ölmeer entfernt. Es kostete kaum mehr als mein Problemzimmer, das ich zwar reserviert, aber nie gesehen hatte. Jetzt konnte ich ein kleines Schläfchen machen, bevor ich mich in die Stadt und das nächste Abenteuer stürzte.

Ein Foto, das ich wohl nicht hätte machen dürfen...

Der nächste Zwischenfall geschah noch am gleichen Tag. Nach einem sehr ausgedehnten Stadtrundgang durch Baku bei allerschönstem Wetter hatte ich den Ehrgeiz, die berühmten Ölfelder am Stadtrand zu besichtigen. Laut Lonely Planet ist dort das James Bond Oilfield mit seinen Tiefpumpen zu sehen, die bildwirksame Kulisse des Vorspanns von Die Welt ist nicht genug. Um dorthin zu gelangen, muss man mit Bus oder Taxi ein Stück nach Süden aus der Stadt heraus. Ich nahm konsequenterweise wieder den Bus. Ich liebe Busfahrten, denn diese Art der Fortbewegung bringt mich viel näher an die Stadt und ihre Bevölkerung heran. An einer großen Moschee stieg ich aus. Vom Fenster des Busses waren bereits die vielen nickenden Pferdekopfpumpen zu sehen gewesen. Laut Reiseführer handelte es sich um ein stillgelegtes Ölfeld aus dem letzten Jahrhundert. Aber offenbar lohnte sich die Förderung an dieser Stelle angesichts des steigenden Weltmarktpreises wieder, sodass bis auf wenige Ausnahmen alle Pumpen liefen. Mich reizte an dieser Szenerie das gleiche wie an Industriehäfen: der raue Charme riesiger leicht angerosteter Hafenkräne, die sich Tag und Nacht über noch riesigere Schiffsleiber recken, der Umschlag von Containern und anderen Gütern, alles aus Stahl, nichts besonders teuer oder gar verziert, sondern rein funktional, ehrlich und gigantisch groß. Und auf diesem Ölfeld war es genau dieses Gefühl: auf mehreren Quadratkilometern drängten sich die stählernen rostbraunen Ölpumpen und gaben mechanisch schleifende Geräusche von sich, während sie träge ihren Sinus nickten. Jede einzelne war mit einer Starkstromleitung für den Antrieb sowie mit einem sorglos zusammengesteckten Röhrchen für den Ölabfluss an die ganze Herde angeschlossen, und um jede einzelne Pumpe herum war der Boden ebenso schwarz wie unter vielen Rohrbiegungen. Ich war von der Moschee aus einfach in das Feld hineingelaufen. Es stand nirgends ein Schild in egal welcher Sprache, dass dies nicht gestattet sei. Und mein Reiseführer ermutigte mich sogar dazu, als handle es sich um eine der absoluten Top-Sehenswürdigkeiten in Baku. So stiefelte ich also eine staubige Zubringerstraße hinunter und stand sehr bald zwischen seufzenden und summenden Maschinen, wo ich mich zwischen all den interessanten Bildmotiven kaum entscheiden konnte. Ich fotografierte also alles, was mir einigermaßen künstlerisch oder technisch bemerkenswert vorkam. An dieser Stelle muss ich erwähnen, dass ich mir sehr wohl darüber bewusst bin, dass man nicht in jedem Land alles fotografieren darf, und dass die Konsequenzen bei solchen Verstößen in bestimmten Ländern sehr unangenehm sein können, wenn die Gesetzeshüter nicht gerade auf Kuschelkurs mit der Welt gehen wegen bevorstehender Olympischer Spiele (wie in China 2007, als ich mir ungestraft ziemlich große Freiheiten herausnahm) oder dem Eurovision Song Contest wie in diesem Fall. Aber so wie es kein Zutrittsverbotsschild an der Staubstraße gab, gab es ebenso wenig ein Fotografierverbotsschild; es stand nichts darüber im Reisebuch oder auf der Webseite des Auswärtigen Amts, wo sonst für jedes Land die absurdesten Gefahren so plastisch beschrieben werden, dass man als sanftes Gemüt gar nicht mehr hinfahren möchte.

James Bond Oilfield bei Baku, seit 80 Jahren im Dauerbetrieb.

Ich hätte wohl besser nicht die ganzen Fotos vom Ölfeld machen sollen. So schlau bin ich heute. Aber wie ich das erfahren durfte, ist erzählenswert. Nach einer guten halben Stunde war ich hungrig und eigentlich auch fertig mit meiner Industriefotografie, sodass ich mich auf den Weg zurück in die Stadt machte. Dies war im Gegensatz zu dem ersten Weg, den ich von der Moschee aus genommen hatte, eine richtig asphaltierte Hauptstraße, nur ohne Verkehr, da am Ende der Straße eine kleine Polizeistation einen großen Schlagbaum bewachte. Ich ging unbefangen und betont naiv auf die Polizeistation zu, die Kamera im Tagesrucksack verstaut. Für die Polizisten kam ich wohl gleichsam aus dem Nichts, jedenfalls waren sie einigermaßen überrascht, hielten mich sofort an und redeten auf Aserbaidschanisch und Russisch auf mich ein. Die Wörter Foto und Kamera konnte ich verstehen, und ich sagte wie immer in solchen Fällen in besonders schlechtem Englisch, dass ich kein Russisch verstünde. Das verstanden die Beamten allerdings auch so, jedenfalls redeten wir ziemlich aneinander vorbei. Ich deutete natürlich bei der obligatorischen Passkontrolle stolz auf mein Geburtsdatum und ließ mir von allen Beamten gratulieren. Woher ich käme, beantwortete ich nicht mit Ölfeld, sondern mit Germany, die Frage nach *Photo? Photo?* beantwortete ich lächelnd und mit erhobenen Händen mit *no thanks, I never take photos of policemen.* Den Witz verstanden sie aber auch nicht. Es war wie ein Spiel. Einer war etwas dicker und hatte mehr Sternchen auf seiner Schulterklappe, und er lachte auch ab und zu. Aber so kam ich nicht raus aus der Verhörstube. Ab und zu sagten sie SOCAR, das hatte ich auch an einer Tankstelle gelesen, aber ich stellte mich weiter blöd und verstand statt *State Oil Company of Azerbaijan Republic* nur Soccer. Ich versuchte den alten Trick, mithilfe meines Fußballfachwissens neue Freunde zu gewinnen. Aber der gute und eigentlich auch dort bekannte Berti Vogts half mir auch hier nicht weiter. Nach einer Viertelstunde kam ein Auto mit einem weiteren Beamten daher, der ein bisschen besseres Englisch sprach. Auch ihm versicherte ich, dass ich zwar – *ja* – eine Kamera dabei hatte, aber – *nein* – keine Fotos von der Belegschaft machen wollte. Aber auch er verstand den Scherz nicht, was ich damit ausglich, dass ich seine durchaus berechtigte Frage ignorierte, ob ich Fotos von den Förderanlagen gemacht hätte.

Schließlich hatte mich niemand in flagranti erwischt, ich war ja nur spazieren gegangen, wie ich erklärte. Und überhaupt sei ich erst heute angekommen, um meinen Geburtstag in Baku zu feiern. Sei das nicht eine unglaubliche Ehre für die Stadt? Nach einer weiteren Viertelstunde boten sie mir einen Sitzplatz in ihrem schicken neuen Polizei-Lada an, hinten rechts. Vorne saßen der dicke Offizier und der Neue, der noch am besten Englisch konnte. Wir fuhren ein paar Minuten in Richtung Stadt, ich freute mich einerseits, dass ich die paar Kilometer nicht zurücklaufen musste, sorgte mich aber, was mir in der Polizeistation blühte. Wie konnte ich meine kriminellen Handlungen rückgängig machen, bevor mir der Prozess gemacht, oder – noch schlimmer – meine neue Kamera konfisziert würde? Zuerst überlegte ich, einfach alle Ölfotos einzeln aus dem Speicher der Kamera zu löschen, aber das hätte zu lange gedauert. Oder sollte ich den kompletten Chip formatieren? Das ginge ganz schnell, hätte aber den schmerzhaften Verlust der bisher gemachten Bilder zur Folge. Also entschied ich mich für eine andere Lösung: während ich so gelangweilt wie möglich durch die Gegend schaute, zogen meine Finger den Chip aus der Kamera. Anschließend nahm ich den Ersatzchip aus der Kameratasche heraus, öffnete den fummeligen Plastikverschluss und schob die Karte in den Schacht der Kamera. Bis jetzt hatte keiner etwas bemerkt. Draußen dämmerte es inzwischen. Wohin nun mit dem Corpus Delicti? In die Kameratasche wohl kaum. Ich erinnerte mich an ein paar mittelmäßige Spionageromane und entschied mich, den Speicherchip mit den hochgeheimen Ölbohrern, die anscheinend als einziger Ausländer bisher James Bond gesehen hatte, in der Unterhose verschwinden zu lassen, in der vagen Überzeugung, dass man mich schon nicht ausziehen würde. Und ja, es fühlte sich gut an – nicht in der Hose, sondern ganz psychologisch, denn jetzt konnte ich mein schlechtes Schauspiel mit einem Happyend krönen, und genau das tat ich: nach einer elend langen Wartezeit, während der ich der aserbaidschanischen Polizeikohorte von Baku-Süd bei einem ziemlich schlechten Abenddrill auf dem staubigen Innenhof zusah, kam ein neuer Beamter, der ebenfalls kein Englisch verstand, zur Tür herein. Erwähnte ich schon, dass außerhalb Skandinaviens kein einziger Polizist Englisch spricht? Jedenfalls nicht als Fremdsprache. Und so spielten wir wieder das lustige Spiel mit Passkontrolle, Visumkontrolle, Bewunderung der vielen anderen bunten Visa in meinem Pass, Feststellen meines Geburtstags, Betonung meiner Freude, dass ich ihn freiwillig in Baku verbringen durfte, und wieder Fragen nach irgendwelchen Fotos. *Ach so, ja, die Fotos? Ob er die vielleicht sehen wollte?* Kein Problem, ich hielt ihm die Kamera hin, drückte auf Wiedergabe und zeigte ihm, wie er durch die letzten und vorletzten gemachten Fotos blättern konnte. Ich wusste es selbst nicht genau, aber die Speicherkarte war voll vom letzten Urlaub im Iran, und entsprechend beeindruckend fand er alles, was er da sah. Moscheen, Ruinen, tolle Landschaften, verhüllte Frauen. *Iran?*, brummte der Beamte. *Hmm*, meinte ich. *No Oilfields? – Nope. – You can go.*

Fazit:

- Öl
- Die drei Kaukasusrepubliken (inkl. Exklaven und abtrünniger Teilrepubliken sind es deren sechs) könnten unterschiedlicher nicht sein
- Öl
- Aserbaidschan ist ein Gebilde aus türkischer, persischer, kaukasischer und sowjetischer Geschichte – einzigartig
- Öl

Meine persönlichen Highlights:

- Nachts durch das moderne Zentrum von Baku schlendern mit People Watching
- Einen jungen Studenten zu treffen, der fehlerfrei und fließend Deutsch sprach, obwohl er noch niemals in Deutschland gewesen ist.

Machen:

- Mindestens zwei Tage und zwei Nächte in Baku, einer Stadt mit unglaublichen Kontrasten. Kreuz und quer auch durch Georgien und Armenien: Kirchen, Klöster, wilde Landschaften

Meiden:

- Von der Uferpromenade aus ins Kaspische Ölmeer fallen
- Sich in flagranti beim Fotografieren sensibler Motive erwischen lassen

Ananuri-Festung in Georgien.

Richtig reisen ist Kopfsache!

„To travel is to discover that everyone is wrong about other countries."
Aldous Huxley (1894 – 1963),
britischer Schriftsteller

Jetzt haben Sie ja schon eine gewisse Vorstellung von der ganzen Motivation. Raus aus der Komfortzone heißt bei einer Reise, gezielt ins Fremde, Neue, Ungewisse zu springen – etwas, was auch im Berufsleben immer gerne empfohlen wird, aber nicht alle paar Jahre von jedermann gewagt wird. Auf Reisen können Sie diesen Sprung praktisch trainieren. Sie beschäftigen sich im Vorfeld mit dem Reiseziel und kalkulieren dadurch schon ein stückweit die Risiken. Kaum ein Risiko ist unbeherrschbar, jedenfalls würde ich keinem raten, sich in eine Region mit unkalkulierbaren Risiken zu begeben. Aber etwas ungemütlich darf sie sich gerne anfühlen, diese Ungewissheit: die vielen fremden Menschen, eine völlig fremde Sprache, Linksverkehr, sofern sich überhaupt jemand an Verkehrsregeln hält, die abstrakte Gefahr von Krankheiten oder giftigen Tieren, die Geschichten über Kriminalität, die ein Land ungerechterweise immer in die Schlagzeilen bringen, wodurch von vielen Gegenden ein völlig schiefes Bild der Realität entsteht.

Unterwegs im Hohen Kaukasus.

Sie müssen also ins kalte Wasser springen, und Sie müssen dann jeden Tag, manchmal öfter, Entscheidungen treffen, wo und wie es weiter hingehen soll, wo und was es als nächstes zu essen gibt, wie Sie einen Tag überbrücken, an dem die Höhle mit den hunderttausend Buddhastatuen geschlossen ist. Sie sind zu Ihrem Glück gezwungen, und das merken Sie erst, wenn Sie irgendwann darüber nachdenken, woher Sie immer wieder diesen positiven Kick bekommen: er kommt daher, dass Sie retrospektiv feststellen können, dass Sie wieder einmal eine ganze Reihe richtiger Entscheidungen getroffen haben. Ein wunderbares Gefühl! Darauf dürfen Sie jeden Abend anstoßen: „Wieder alles richtig gemacht!"

Das Wort Entscheidungen ist eigentlich gar nicht der passende Begriff für diesen Prozess. Er beinhaltet unterschwellig immer die Möglichkeit, eine falsche Entscheidung zu treffen. Treffender wäre an dieser Stelle: Sie wählen aus verschiedenen Optionen aus! Das erhebt Ihre Freiheit zum Luxusproblem, Sie haben alle Möglichkeiten. Wählen Sie einfach aus, wonach Ihnen der Sinn steht – jede Option ist positiv.

Indische Dienstleistungen finden meist auf der Straße statt.

Noch zwei nicht zu unterschätzende Faktoren unterstützen diesen geistigen Prozess: Auf einer vernünftigen Individualreise bewegen Sie sich sehr viel. Sie stehen früh auf, tigern durch Nationalparks oder Städte, auf Aussichtspunkte oder auch nur vom Hotel zum Bus Terminal, aber Sie sind viel an der frischen Luft (in den Nationalparks noch frischer als in den Megacitys), und Ihr Gehirn wird gut durchblutet. Kein Wunder, dass Sie ständig richtige Entscheidungen treffen!

Zweitens haben Sie auf Reisen Zeit und Muße, einfach nachzudenken, allein noch mehr als in einer Gruppe! Die Gedanken kommen ohnehin von selbst, man muss sie nicht einmal steuern. Sie können sowohl über Ihre Arbeit nachdenken, Ihr Privatleben aufarbeiten, eine alte Beziehung Revue passieren lassen. Lesen Sie auf Reisen, je nach Laune Romane oder Sachbücher – beides gibt es immer auch mit Bezug zu Ihrem Reiseziel. Lernen Sie etwas über die Geschichte des Landes. Schauen Sie in den Himmel und stellen Sie fest, dass die Sonne in manchen Teilen der Welt ganz anders über den

Himmel zieht als bei uns, und der Mond auch. Wann im Kalender sind wo die Schatten senkrecht und um welche Uhrzeit? Und warum ist das so? Warum sind die Schwäne in Australien schwarz? Fühlen Sie sich wieder wie ein Kind, das die Welt entdeckt. Ihre Welt wird dadurch immer größer.

Wenn Sie unbeschadet durch alle Gefahrenzonen kommen, können Sie in jeder Kirche eine Kerze anzünden.

Oman

„Reisen ist gesund, ich hau ab und zieh Leine
und ihr seht mich als Punkt am Horizont verschwinden,
um ein Stück weiter hinten mich selbst zu finden."
*Thomas D (*1968),*
deutscher Musiker

Ein großartiges Land! In Oman gibt es alles, was man am Orient schön finden kann, es ist der Originalschauplatz von Tausendundeiner Nacht, die Heimat Sindbads und des Weihrauchs und ein Land von biblischer Schönheit. Meer und Felsen rücken in der Hauptstadt ganz eng zusammen, Berge und Steinwüsten leuchten rötlich-ocker, es gibt unzählige Oasen und unwirkliche Wadis mit ausgetüftelten Bewässerungssystemen, überall plätschert es und stehen saftig-grüne Dattelpalmen, und in jedem Städtchen gibt es noch einen alten Kern mit Wachtürmen und Lehmbauten, die vor allem das Nachbarland Jemen so weltberühmt gemacht haben.

Im Unterschied zum Jemen ist Oman aber ein entspanntes, supersicheres Reiseland. Natürlich hilft es, dass Öl und Gas gefördert werden, aber der Reichtum scheint kaum jemand in den Kopf zu steigen: im Gegenteil genießt man eine relativ gute Verteilung, erstklassige Infrastruktur und kostenlose Bildung bis zur höchsten Ebene (mit einer Männerquote von 50% für die Universitäten, weil Frauen nicht nur zugelassen, sondern offenbar sogar überlegen sind). Sultan Qabus ist der absolutistische Monarch, regiert aber so konstruktiv, weitsichtig und volksnah, dass die einzige Sorge der Bevölkerung zu sein scheint, dass er irgendwann ohne gleichwertigen Nachfolger sterben wird.

Wadi As-Shab, eines der zahlreichen bezaubernden Wadis Omans.

Der Sultan hatte es auch von Anfang an relativ einfach, sich beliebt zu machen: sein Vater, den er 1970 unblutig absetzte, hatte das Land jahrzehntelang gegen alle Einflüsse von außen abgeschottet und so auch jeglichen Fortschritt verhindert. Das Ergebnis war, dass Oman am Ende fast hundert Prozent Analphabeten und fast null Kilometer asphaltierte Straßen hatte. Im Inland herrschte Bürgerkrieg, mit den Nachbarn war es auch nicht einfach, und die Entwicklung der Welt lief komplett an diesem schönen Fleckchen Erde vorbei, das in der Vergangenheit große Teile des Handels mit Asien bewerkstelligte und bis hinunter nach Sansibar und Ostafrika reichte. Letzteres zeigt sich übrigens auch in einer bunt gemischten Bevölkerung: neben klassischen Arabern und Beduinen leben auch Afrikanern und Indern dort, die nebenbei einen höchst erfreulichen Einfluss auf die kulinarische Vielfalt haben. Nicht zu vergessen sind natürlich die Gastarbeiter, die ähnlich wie in den benachbarten Emiraten nach wie vor am Aufbau beteiligt sind. Chinesische Bauträger übernehmen komplette Küstenautobahnen und beschäftigen vor allem günstige Pakistaner und Bangladeschi, in den Zentren arbeiten Ingenieure und Juristen aus aller Herren Länder, aber die Grundstimmung ist sehr entspannt, das Verhältnis mit gut 20% Ausländern deutlich günstiger als nebenan etwa in Dubai mit seinen 80% Expatriates. Es laufen behutsame Omanisierungsprogramme, sodass man durchaus das Gefühl bekommt, hier entsteht eine Gesellschaft, die nicht nur auf Öl und Sand gebaut ist. Entspannt ist auch der Straßenverkehr. Wer schon ein paar arabische oder asiatische Länder kennengelernt hat, wird als Deutscher begeistert sein: es wird kaum gedrängelt, immer geblinkt, man weicht sich aus, abends schalten viele auch ihr Abblendlicht ein. Die meisten Fahrzeuge sind in sehr gutem Zustand. Und es hilft natürlich, dass wir hier von einem der am dünnsten besiedelten Länder der Welt sprechen.

Al-Hamra, „die Rote" (genau, der gleiche Name wie in Granada) ist berühmt für seine gut erhaltenen Lehmhäuser.

Sultan Qabus Moschee in Muskat.

Natürlich ist auch hier nicht alles positiv, sonst würden wir Urlaub in Utopia machen. Auch in Oman liegt eine Menge Müll in der Gegend herum, und ehe man sich versieht, hat man beim Einkauf einer Flasche Wasser gleich mehrere schwarze Raschelplastiktüten dabei. Trotzdem erschien mir das Land aufgeräumter als die meisten (ärmeren) Länder.

Die Hotels bieten nicht genug fürs Geld, anderswo würde man für den gleichen Standard die Hälfte bezahlen. Dafür kostet Benzin fast gar nichts – da stört es besonders, wenn man wie ich mit einem blöden Kilometerlimit unterwegs ist.

Ein anderes Beispiel, das gerade mir besonders nahe gehen musste, ist das weltweit erste aberkannte UNESCO-Welterbe (noch vor dem Elbufer von Dresden): 2007 wurde der Status für den Wildpark der seltenen Arabischen Oryxantilope gestrichen, nachdem die Fläche des geschützten Areals um 90% reduziert worden war. Öl und Gas waren dann doch wichtiger als Tierschutz. Hoffen wir, dass die Meeresschildkröten, die jede Nacht am Ras al Hadd ihre Eier ablegen, keiner neuen Gasblase im Wege stehen.

Auch im Morgenland geht die Sonne im Westen unter.

Fazit:

- Oman hat alles, was man am Morgenland schön finden kann und nur wenig von dem, was einen allgemein stört
- Oman ist hundertmal entspannter als die Golfstaaten, ohne rückständig zu sein

Meine persönlichen Highlights:

- Die Schildkröten von Ras al-Hadd und Ras al-Junayz
- Die vielen halbverlassenen Stadtteile aus Lehmhäusern wie Al-Hamra

Machen:

- Durch ein paar Wadis laufen, die zu zauberhaften Canyons werden
- Mal Indisch essen, mal Shawarma
- Mit dem Mietwagen reisen – es ginge zwar auch mit öffentlichen Verkehrsmitteln, aber die verbinden nur Städte miteinander, und die Highlights sind die Dörfer und Landschaften

Meiden:

- Zu schnell über die manchmal fast unsichtbaren Stolperschwellen rumpeln
- Die Meeresschildkröten bei der Eiablage stören

Aber die sind doch so süß...!

„Öffnet man die Augen, wird jeder Tag zum Erlebnis.“
Oskar Kokoschka (1886-1980),
österreichischer Maler und Schriftsteller

Weil wir gerade von Tieren reden, möchte ich von ein paar allgemeinen Begegnungen mit der Fauna erzählen. Dass Oman sicher ist, haben wir schon festgestellt. Meinen einzigen kleinen Schreck hat mir eines Nachts in einem relativ teuren Hotel ein relativ kleines Tier eingejagt: ich schlief recht gut auf einer halbwegs sauberen Bettwäsche (eigenen Hüttenschlafsack mitnehmen!), als ich am Ohr gekitzelt wurde. Es war schon meine zweite Nacht in diesem Zimmer, und ich hatte bis dahin kein einziges Ungeziefer gesehen, nicht mal eine Stechmücke. Trotzdem war mir plötzlich auf schaurige Art klar, was mich da geweckt hatte. Ich fuhr auf und wischte mir in der gleichen Bewegung übers Ohr. Dann griff ich nach der Taschenlampe (nie ohne Taschenlampe verreisen!) und leuchtete in den Winkel, den das Bett mit den Wänden bildete. Und da saß sie und glotzte mich an: Ein Prachtexemplar von einer Küchenschabe! Ich war gar nicht überrascht, dass mir das endlich passiert war, so oft hatte ich es mir in meinen frühen Albträumen ausgemalt, dass mir die verhasstesten aller Sechsbeiner übers Gesicht spazierten. Und das lustigste war, es machte mir irgendwie gar nichts mehr aus. Ich zog das Bett einen halben Meter weg von allen Wänden und legte mich wieder hin mit der Überzeugung, dass die Kakerlake keinen weiteren Anschlag auf mich verüben würde. Sie war auch definitiv zu groß gewesen, um mir ins Ohr zu kriechen. Außerdem befand sich dort auch schon mein Ohropax. (Niemals ohne, man braucht's vielleicht nur einmal in zwei Wochen, aber da ist es dann Gold wert – und auch Kakerlaken machen einen ganz schönen Krach, wenn sie über Steinböden krabbeln…) Und so schlief ich auch gleich wieder ein. Unglaublich? Ja, finde ich auch – früher hätte ich wirklich kein Auge mehr zugemacht. Aber was soll es denn machen, das armselige Geschöpf? Mir die Haare vom Kopf fressen? Das sind doch Legenden – eine Kakerlake hat garantiert mehr Angst vor mir als umgekehrt. Ich bin in der Nahrungskette eine Idee weiter oben angesiedelt als sie, oder? Und das gilt für ziemlich viele Tiere, die uns den Schlaf rauben.

Und hier handelt es sich um menschenfressende Riesenhornissen!

Ich liebe sie nicht, aber ich halte sie aus. Hätte ich auch nicht gedacht.

Ein andermal im Iran fand ich eine stattliche Schabe in meinem Hotelzimmer. Damals war ich noch nicht so abgebrüht, dass ich einfach meine Unterkunft zu einer WG erklärt hätte, in der keiner dem anderen nach dem Leben trachtete. Ich wollte sie schon lieber unschädlich machen, zumindest temporär. Erschlagen wollte ich sie nicht, dazu war sie mir einerseits schon zu fett, andererseits hatte ich schon zu viele schlechte Filme gesehen, wo aus dem Leib eines toten Aliens hundert kleine Nachkommen schlüpften. Das ist natürlich Quatsch, richtig ist aber, dass man durchaus Eierpakete an dem Schuh behalten kann, mit dem man das Problem lösen wollte – und sich dadurch ein größeres Problem zu Hause einhandelt. Was ich also machte? Ich schnappte mir das Glas, das neben dem Waschbecken stand, und hielt es über dem friedlich an der Wand sitzenden Monster. Mit einer Zeitung trieb ich es bergab in Richtung Boden, vermutlich habe ich es sogar geweckt. Kurz sah es jedenfalls so aus, als habe es sich die Augen gerieben und gegähnt. Aber als endlich der unerwünschte WG-Genosse festen Boden unter den hakigen Füßchen hatte, stülpte ich mit einer schnellen Bewegung das Glas darüber. Auch hier sollen meine Insider-Tipps nicht fehlen: man überrasche das Ungeziefer von hinten, denn wenn es gerade weiterläuft, muss man sich mit dem Glas mitbewegen. Und Kakerlaken laufen selten rückwärts, ich weiß gar nicht, ob sie das können. Also das Glas von hinten oben mit einer schnellen kontrollierten Bewegung über dem Biest absenken. Und zweitens keinen windigen Papp- oder Plastikbecher verwenden, denn damit marschiert eine ausgewachsene Küchenschabe glatt weiter. Das ist sicher lustig anzuschauen, wird Ihnen aber keinen ruhigen Schlaf bescheren. Nein, Sie müssen sich schon ein ordentliches Terrarium basteln, dann können Sie sich auch Tag und Nacht daran erfreuen, wenn Sie mal nicht schlafen können. Es gibt fast nichts Schöneres als ein lebendes, aber unschädlich gemachtes Insekt (oder eine riesige Spinne!), das man sich unter Glas genau anschauen kann. Nicht mal füttern müssen Sie es. Manchmal schauen auch die Antennen noch unter dem Rand hervor, die könnten Sie sogar streicheln...

Apropos Spinnen: auch eine große behaarte Spinne will Ihnen nichts tun, Sie fallen nicht in ihr Beuteschema. Im Gegenteil ist sie sogar recht nützlich, denn sie vergreift sich mit Vorliebe an dem Ungeziefer, das Ihnen wirklich gefährlich oder zumindest lästig werden kann, nämlich den Krankheiten übertragenden Stechmücken. Aber ich verstehe natürlich, wenn Sie sich doch lieber konventionell gegen Malaria und Denguefieber schützen als mit einer handtellergroßen Raubspinne. Ich brauche die Prophylaxe nicht zu erläutern (übrigens: es gibt noch keine gegen Denguefieber), die sollten Sie sich sowieso vom Fachmann holen, aber die effektive Vermeidung von Stichen oder Bissen ist in jedem Fall der Königsweg und fast jeder chemischen Keule, die nur die Resistenzen fördert, vorzuziehen.

Diese Fauna begleite ich vor dem Schlafengehen doch lieber nach draußen.

Einen Freund gibt es aber doch, den Sie auf jeden Fall dankbar in jedem Hotelzimmer behalten sollten: die wunderbaren Geckos. Sie vereinen die Vorteile von fiesen Spinnen (fressen mit Vorliebe Moskitos) mit denen possierlicher Eidechsen (latschen einem nicht übers Gesicht). Demzufolge werden Geckos auch in allen mir bekannten Ländern der Welt, wo sie vorkommen, geliebt und verehrt. Und der Ruf der größeren Geckos ist so charakteristisch, dass Sie ihn irgendwann für alle Zeiten mit warmen Nächten und schönen Reisen verbinden. In manchen Gegenden soll es sogar Glück bringen, wenn er öfter als siebenmal (z.B. in Thailand) oder mit einer beliebigen ungeraden Zahl (z.B. in Indonesien) erklingt. Wenn Sie genügend Geckos an Ihrer Zimmerdecke haben, können Sie getrost alle Spinnen, die sich noch irgendwo unter Ihrem Bett oder in Ihrem Vorhang verstecken, höflich hinauskomplimentieren. Ich nehme dafür immer gerne alles, was einem Besen nahekommt. Damit kann man(n) übrigens auch stets wertvolle Tapferkeitspunkte bei seiner weiblichen Begleitung sammeln. Erst am nächsten Morgen sahen wir, dass wir die Riesenspinne zwar erfolgreich hinausbefördert hatten, unter der Tür jedoch ein Spalt war, durch den sogar ein junger Dackel hätte laufen können. Womit wieder mal bewiesen wäre, dass alle Bemühungen zugunsten eines ruhigen Schlafs rein psychischer Natur sind, aber was soll's, solange man gut schläft. In jedem Fall sollte man vor der Bettruhe einmal alle Kissen und Decken umgedreht haben, um sicher zu gehen, dass man sein Bett für sich allein hat und es zumindest nicht mit größeren Gliederfüßern teilt.

Noch eine unheimliche Begegnung hatte ich im Hochland von Sri Lanka, das zugehörige Foto erspare ich Ihnen in diesem Fall, es ist nichts für Leute, die kein Blut sehen können: es muss wohl an einem der Vortage geregnet haben, denn dadurch herrschten im Unterholz paradiesische Bedingungen für Blutegel. Wenn man es nicht selbst erlebt hat, kann man sich nicht vorstellen, wie unglaublich schnell diese Biester an den Füßen hängen. Blieb ich nur für fünf Sekunden stehen, um etwa ein Foto zu machen, hatten sich wieder ein Dutzend Egel aus dem Nichts auf mich gestürzt. Ich hatte das gar nicht bemerkt! Und sie machen nicht lange herum (obwohl sie eigentlich einen ganz süßen Kriechgang haben, wie kleine Raupen), sondern suchen sich sofort einen Weg zur nackten Haut. Und dabei lassen sie sich nicht von einem Strumpf, nicht mal von einem Lederschuh aufhalten. Als ich nach dem Hinweg meine Schuhe auszog, um mal nachzusehen, was da unten los war, überraschte ich zig kleine Blutsauger bei ihrer Party. Manche fielen gleich von selbst ab, als ich auch den Socken entfernte, die übrigen waren schon nicht mehr so einfach abzuwimmeln. Immerhin erinnerte ich mich düster, dass sie keine Krankheiten übertrügen, sondern im Gegenteil sogar zur Therapie eingesetzt werden. Aber ich wollte sie trotzdem nicht haben, also zupfte ich sie so ähnlich wie Zecken ab, was ein ziemliches Blutbad hinterließ. Ich kann Ihnen raten, nur gut vorbereitet durch egelverseuchte Gegenden zu marschieren: dichte Hosen und Schuhe, selten stehenbleiben, öfter mal an sich selbst runterschauen und blinde Passagiere sofort wegschnippen. Außerdem soll es Kräuterbalsam oder andere Wundermittel geben, die die Egel abtörnen, wie DEET die lästigen Stechmücken.

Was jene kleineren Insekten anbelangt: Schützen Sie sich so, wie es in jedem Buch steht, denn in dem, was Moskitos in der Evolution gelernt haben, sind sie perfekt. Bedecken Sie freie Hautstellen spätestens kurz vor Sonnenuntergang und benutzen Sie ruhig die lokalen Antimückenmittel, denn die sind im Gegensatz zu Regalware aus Europa mit dem Ortsverband der Stechmücken abgestimmt und garantieren, dass jene sich auf die anderen Europäer stürzen, die nicht so schlau waren. Benutzen Sie natürlich in den Tropen immer ein Moskitonetz zum Schlafen. Auch dieses erfüllt einen echten Placeboeffekt: darunter werden Sie fast immer besser und friedlicher schlafen, selbst wenn Sie am nächsten Tag die Löcher im Netz finden, die Sie schon am Vorabend hätten kleben müssen. *Peaceful Sleep* heißt das Zauberwort, und genau so heißt zum Beispiel auch ein Mückenmittel aus Südafrika.

Es gibt eine Behauptung aus einem sympathischen skandinavischen Land (in dem alle Stechmücken dieser Welt im

Sommer Urlaub zu machen scheinen), dass Moskitos einen großen Bogen um einen Menschen machen, der mindestens zwei Bier getrunken hat. Ich persönlich glaube gern daran und versuche seit Jahren, den endgültigen Beweis dafür zu erbringen, aber es bleibt unklar, ob die weibliche Anophelesmücke (die ist an allem schuld) am Malawisee nicht doch erst ab dem dritten Bier ihre Nase rümpft. Anderswo kann man im Gegenteil auch lesen, dass Mücken Biertrinker gar bevorzugen. Nichts Genaues weiß man nicht, man muss halt dran glauben!

Aber jetzt mal ohne Witz: Lesen Sie die Reisehinweise des Tropeninstituts München oder etwas Vergleichbares. Fragen Sie den Impfarzt Ihres Vertrauens, wie groß die Gefahr der verschiedenen Krankheiten in Ihrem speziellen Fall ist und was Sie dagegen tun sollten. Es hängt immer vom Ort und der Dauer Ihres Aufenthalts ab, der Jahreszeit und wie Sie sich vor Ort bewegen werden und ähnlichem mehr.

Selbst von heiligen Kühen kann unter Umständen Gefahr ausgehen, aber meistens stehen sie nur herum und fressen Zeitungen oder alte Blumengirlanden.

Spinnen, Küchenschaben und was noch so alles kreucht und fleucht, müssen Sie nicht putzig finden. Aber Sie müssen auch nicht gleich schreiend aus dem Zimmer, dem Haus, dem Land rennen. Keines dieser Tiere will Ihnen etwas antun, das sollten Sie sich als erstes merken, egal was Sie in mäßigen Hollywoodfilmen schon alles gesehen haben. Ich wiederhole mich: Eine Spinne, und sei sie noch so groß, hat mehr Angst vor Ihnen als Sie vor ihr, auch wenn Sie sich das gar nicht vorstellen können. Das gleiche gilt für Schlangen im Unterholz. Wenn Sie laut genug durch die Gegend trampeln, ist die Chance, dass Sie jemals eine Schlange in freier Wildbahn sehen können, relativ gering. Leider! Von den vielen überfahrenen mal abgesehen. Greifen Sie nicht unvorsichtig hinter Steine oder in Spalten. Gehen Sie nicht in der falschen Jahreszeit im gleichen Meer baden wie die Würfelqualle Australiens.

Respektieren Sie die höheren Lebensformen (Quallen zähle ich jetzt nicht dazu), ohne gleich Angst zu zeigen. Aber kommen Sie Indiens Kühen oder Omans Kamelen nicht zu nahe. Beides habe ich ausprobiert. Im ersten Fall hätte mich das heilige Tier ohne jede Vorwarnung beinahe in den heiligen See von Udaipur geschubst; ich konnte gerade noch den Zweimeter-Sturz verhindern und behielt eine ordentliche Rippenprellung als Andenken. Im anderen Fall machte das süße Dromedar plötzlich drei schnelle Schritte auf mich zu, als ich ihm auf der Jagd nach dem perfekten Sonnenuntergangsklischee offenbar etwas zu nah auf die Pelle gerückt worden war. Es war nur die Einschüchterung, noch nicht der ultimative Angriff, aber es ist sehr wirksam, wenn ein so großes Tier mit gefletschten Zähnen auf Sie zustürmt. Machen Sie sich groß und weichen zurück, dann sollte das Thema in den meisten Fällen erledigt sein. Aber noch besser ist es immer, wenn es gar nicht so weit kommt. Es sieht ja auch peinlich aus, wenn der Tourist vom Kamel umgenietet wird.

Einer der bizarrsten Tempel Indiens: Karni-Matha in Deshnok, Rajastan. Läuft eine Ratte über Ihre Füße, so bedeutet das Glück!

Ein eigenes Problem sind alle Sorten Fauna, die von dummen Menschen gefüttert und dadurch aggressiv werden. Tragen Sie hierzu nichts bei! Wilde Tiere sollten nicht gefüttert werden, und wenn sie noch so süß dreinschauen. Denn im besten Fall werden Affen oder Papageien, die Kartoffelchips essen, irgendwann krank und sterben. Im schlechteren Fall fordern sie sogar von besonnenen Touristen, die dieses oder ein entsprechendes Kapitel schon gelesen haben, ihren Wegzoll ein und können dabei noch ganz andere Krankheiten übertragen als Malaria.

Auch hierzu gibt es eine Geschichte, die sich an einem beliebten Touristenziel in Sri Lanka abspielte. Praktischerweise ziehen wir sogar zwei Lehren daraus: meine Frau war im Höhlentempel von Dambulla (UNESCO!) barfuß gelaufen, wie es sich für einen buddhistischen Tempel gehört. Zwischen der ersten und zweiten Höhle kreuzte eine asiatische Riesenhornisse ihren Weg, die zwar als relativ aggressiv verrufen ist, in diesem Fall aber von jeder Schuld freigesprochen werden muss. Sie saß friedlich und nichts ahnend auf dem steinernen Boden unter einem heiligen Bodhi-Baum, als sie plötzlich des drohenden Fußes neben ihr gewahr wurde und diesen in Todesangst reflexartig mit einem beherzten Stich versah. Beide überlebten diese Begegnung zunächst, wenngleich mit starken Schmerzen und unfähig zu weiteren Besichtigungen. Ein paar Einheimische kamen eilig zu Hilfe und sperrten die Hornisse ein, während meine Frau sich am Bodhi-Baum hinsetzte und die zunehmende Schwellung begutachtete, aber glücklicherweise keine allergische Reaktion zeigte.

Hier schaut er noch ganz lieb, aber ihn treiben niedrige Beweggründe zu mir: er will meine Kekse klauen.

Ich hatte mangels passender Erste-Hilfe-Ausrüstung (abgesehen von einer schwachen Kortisonsalbe) noch den Nerv, eine Packung Kekse aus der Tasche zu holen, womit wir zum zweiten Teil der Tiergeschichte kommen. Denn während ich noch mit dem ersten Keks beschäftigt war, tauchten wie aus dem Nichts ein paar Makaken auf. Sie schauten uns so herzig an, dass wir beide den schmerzhaften Stich kurz vergaßen und über deren Zutrauen ganz entzückt waren, als plötzlich ein besonders mutiger Geselle geräuschlos von der Seite kam und mir gewandt die Kekstüte aus der Hosentasche zog. Bei fast jedem anderen Touristen wäre er damit wohl durchgekommen, aber nicht bei mir: nicht nur hatte ich mir schon seit Ecuador fest vorgenommen, mir niemals mehr einen Gegenstand aus der Hosentasche klauen zu lassen, aber schon gleich gar nicht etwas Essbares. Mit einer für den Primaten sicher unerwartet entschiedenen Bewegung griff ich mir die Kekse zurück und blickte plötzlich in eine fauchende Fratze mit riesigen Eckzähnen. Aber so einfach ließ auch er sich nicht beeindrucken. Was folgte, war ein unwürdiges Tauziehen um eine halbvolle Packung längst zerbröselter Billigkekse, bei dessen Ende mein Gegner von einem harten Ellbogencheck getroffen quer durch die Luft flog und mürrisch Leine zog. Ich freute mich über meinen Sieg, musste mir aber eingestehen, dass ich die Gefahr ziemlich unterschätzt hatte.

Noch ein Angreifer, aber dieses Foto war's wert.

Dies soll Ihnen nun nicht mehr passieren. Affen sind grundsätzlich tolle, faszinierende und lustige Tiere, aber es hat gute Gründe, dass man in solchen Ländern alle Häuser geschlossen hält und sie natürlich niemals aktiv füttert. Das gleiche gilt für die wunderbaren Keas Neuseelands oder die Schwarzbären Nordamerikas. Niemand kann sich wünschen, dass ehemals wilde Tiere Menschen das Essen vom Teller klauen und dabei zur Gefahr werden.

Sie wollen sicher noch wissen, was aus der Hornisse geworden ist? Als wir schließlich aufstanden, um humpelnd den Tempel zu verlassen, wollte ich noch ein Erinnerungsfoto von ihr machen. Die Arbeiter vom Tempel holten sie tatsächlich noch lebend aus ihrer Einzelhaft unter einem Kanaldeckel heraus, und ich konnte mein Foto machen. Anschließend wurde die Hornisse öffentlich vom Personal exekutiert – sie wollten dadurch sicher ihrer Anteilnahme meiner Frau gegenüber Ausdruck geben. Und damit auch die zweite Lehre dieser Geschichte nicht untergeht: Sie werden in unzähligen Ländern Ihre Schuhe ausziehen müssen, sei es vor Privathäusern, Moscheen, buddhistischen oder hinduistischen Tempeln oder gar heiligen Bergen. Natürlich respektieren Sie diese Vorschrift. Aber bitte schauen Sie dann sehr genau auf Ihren Weg.

Schlusswort

„Je mehr man von der Welt gesehen hat,
desto besser weiß man,
wie viel man noch nicht gesehen hat."
Frei nach Sokrates

Auf den Dünen der Namib.

Haben Sie bis hierher durchgehalten? Dann kann ich Ihnen nur zu einer großartigen Ausdauer gratulieren, die Sie ausgezeichnet auf einer Ihrer nächsten Reisen gebrauchen können. Beschäftigen Sie sich mit einem etwas schwierigeren Reiseland und besuchen Sie es individuell, egal ob es Bayern ist oder Burkina Faso. Es ist für jeden Geschmack und jeden Wagemut ein Ziel dabei. Suchen und meistern Sie ein paar Herausforderungen! Schreiben Sie mir, wenn Sie Anregungen oder konkrete Tipps brauchen, ich werde selbst dann, wenn ich nicht persönlich jedes Problem selbst erlebt habe, zumindest auf ein paar gute Quellen verweisen können.

Erweitern Sie Ihre persönlichen Grenzen, Ihren Horizont und werden Sie so ein Stück gelassener, wenn Sie daheim wieder mit den Problemchen des Alltags konfrontiert werden.

Sie könnten aus Spaß auch mal einen Reiseführer Ihrer Heimat in die Hand nehmen und sich Ihre eigene Stadt mit den Augen der Backpacker anschauen. Es ist höchst amüsant, welche Highlights Sie entweder gar nicht kannten oder für völlig überbewertet halten; umgekehrt kann es leicht sein, dass Sie noch etwas wirklich Neues, Bemerkenswertes entdecken.

Und darüber hinaus erleben Sie, wie Fremde aus aller Herren Länder, aus Amerika oder Russland, China oder Japan, Israel oder Libanon, von Down Under oder Südafrika, wie diese bunte Schar neugieriger Menschen aller Altersstufen keine Mühen (und sicher keine Kosten) gescheut hat, ausgerechnet dahin zu fahren, wo Sie wohnen. Erleben Sie, wie diese Fremden mit großen Augen auf die Sehenswürdigkeiten Ihres Landes blicken, wie sie Lobgesänge auf das Bier und die Schönheit der Frauen anstimmen, auf die Sauberkeit und Sicherheit, die dort, wo sie herkommen, gar nicht so selbstverständlich sind.

Und schließlich werden Sie feststellen, dass diese Menschen gar keine Fremden sind, sondern Menschen wie Sie und ich. Dann haben Sie schon viel erreicht.

Über den Autor

„The whole object of travel is not to set foot on foreign land, it is at last to set foot on one's own country as a foreign land.“
Gilbert Keith Chesterton (1874 – 1936),
britischer Schriftsteller

Fabian Balles hat sich das Reisevirus während seines Ingenieurstudiums eingefangen. Zwei Studienjahre in England und Schweden sowie ein längerer Aufenthalt in einem philippinischen Heim für Waisenkinder bildeten die Ursuppe für eine umfassende Reisekarriere, während der er jedes Jahres durchschnittlich drei Monate unterwegs war. Da Geld anfangs knapper war als Zeit, begann er mit Low Budget-Fernreisen, später variierte er sein Spektrum von interkontinentalen Autotouren über pauschale Tauchreisen und private Segeltörns bis hin zum karibischen Traumschiff.

Zwei Leitthemen seiner Reisen sind Inselumrundungen mit dem Fahrrad sowie die UNESCO-Liste der Weltkultur- und Naturerbestätten.

Aktuell hat der Autor über 115 Länder in allen Kontinenten individuell bereist. Er lebt in München.

Mehr...

Wenn Ihnen dieses Buch gefallen hat, schauen Sie sich auch folgende Titel an:

Gehirn-Glühen

Alles merken? Mühelos lernen? Nie wieder Namen, Gesichter, Daten und Telefonnummern vergessen? Dieses geniale Gedächtnistraining bringt Ihr Gehirn auf Höchstleistung. Anhand zahlreicher praktischer Beispiele und Übungen lernen

Sie, effektiv mit Ihrem Kopf umzugehen. Sie werden die Stärken Ihres Gehirns von jetzt an viel besser nutzen können.

Der Gedächtnistrainer Ulrich Bien erklärt die besten Merktechniken, um sich mühelos Namen und Gesichter, Vokabeln und Fremdsprachen und sogar Unmengen von Zahlen und Ziffern zuverlässig und fehlerfrei zu merken. Erleben Sie, wie einfach es ist, sich viele und schwierige Fakten einfach einzuprägen und für immer zu behalten. Darüber hinaus werden Sie Ihre Konzentration, Aufmerksamkeit und Ihr kreatives Denken deutlich steigern und verbessern.

Viele spannende Übungen und Praxisbeispiele vermitteln nicht nur die besten Methoden und Techniken für ein geniales Gedächtnis, sondern gleichzeitig jede Menge Allgemeinbildung unterschiedlichster Themengebiete.

Dieses Buch ist etwas für jeden, der mehr aus seinem Kopf machen möchte!

Yoga
Weisheit, Wirkung, Wahrheit.

Sie möchten mehr Energie im Alltag, mehr Harmonie in der Beziehung, mehr Erfolg im Leben? Sie wären gerne selbstbewusster, freier, gesünder,...? Einfach nur glücklich?! Yoga ist mehr als ein paar Körperübungen. Yoga ist der Weg zu einem besseren Leben. Im Yoga geht es im Grunde um zwei Dinge: um einen gesunden Körper und einen gesunden Geist.

Claudia Scheiderer beschreibt in ihrem Buch „*Yoga – Weisheit, Wirkung, Wahrheit. Wie Sie eine uralte Kultur für sich und Ihren Körper neu entdecken können*" wie Yoga unser Leben positiv verändern kann: unseren Körper mit Energie aufladen, gesund und beweglich halten sowie einen gesunden Lebensstil erlangen, unseren Geist beruhigen, die geistige Klarheit und Kraft deutlich steigern und ein glückliches und erfülltes Leben im Hier und Jetzt führen, unsere Konzentrationsfähigkeit und unser Gedächtnis verbessern, in Harmonie mit uns selbst, unseren Beziehungen und unserer Umwelt leben.

Yoga mit seinen Techniken – die Körper, Atem und Geist einschließen – ist wahrscheinlich das wirksamste Programm zum Heilen und Erhalten der Gesundheit. Wie sehr man seinen Körper verdrehen kann, ist nicht wichtig. Vielmehr geht es um eine unverdrehte Sicht auf die Welt, die uns umgibt. Yoga will nicht beeindrucken. Yoga hat nichts mit Leistung zu tun. Yoga hat nur mit Dir selbst zu tun.

Richtig gut erzählen Geschichten & Märchen gekonnt präsentieren

Möchten Sie Märchen und Geschichten so faszinierend und spannend erzählen, dass Ihre Zuhörer an Ihren Lippen hängen und nicht genug bekommen können? Wollen Sie ein richtig guter Geschichtenerzähler werden, um kleines und großes Publikum mitzunehmen auf eine Reise in die wunderbare Welt von Märchen, Fabeln und Sagen?

Die Autorin erklärt Schritt für Schritt, wie Sie die besten Märchen auswählen, was zur Vorbereitung wichtig ist und wie Sie Ihr Märchen schließlich mit viel Spaß und wenig Lampenfieber auf die Bühne bringen.

Mit vielen Beispielen, Tipps und Übungen werden Sie in die Kunst des Erzählens eingeführt: Sie erfahren, wie Sie und Ihre Zuhörer die Geschichte hautnah miterleben, wie Sie mit verschiedenen Stimmen sprechen und Spannung erzeugen. Sie werden sehen: Auch Sie können Märchen erzählen und bald selbst Ihre Zuhörer mit wundervollen Geschichten verzaubern, während im Kamin das Feuer knistert…

Barbara Greiner-Burkert ist professionelle Märchenerzählerin. Während ihrer Studienzeit kommt sie erstmals mit der Kunst des mündlichen Märchenerzählens in Berührung und weiß sofort: „Das will ich auch können". Nach einer Ausbildung zur Märchenerzählerin eröffnete sie vor über zehn Jahre zusammen mit einer Kollegin eine Märchenschule in München. Das Ziel der Autorin ist, die Kunst des Märchenerzählens weiter zu geben und vielen Menschen zugänglich zu machen.

Weitere Bücher und Hörbücher finden Sie auf unserer Webseite und im Buchhandel.

49569369R00134

Made in the USA
Charleston, SC
27 November 2015